한솔어린이보육재단

한솔영유아교육과정

총론

[도닦서기]

머리말

영유아기는 어린이들이 자신만의 방식으로 세상과 소통하고, 다른 사람과 상호작용하면서 현재의 삶과 관계를 경험적으로 배워 가는 시기이다. 또한 영유아기 이후 삶에서의 객관적이고 주관적인 성취와 행복을 위해 요구되는 능력의 기초를 형성하는 시기이기도 하다. 그러므로 영유아기는 '나'로부터 시작되는 삶을 통해 앞으로 살아갈 수많은 순간들의 초석이 된다는 점에서 매우 중요하다.

영유아교육기관과 교사는 교육과정을 바탕으로 어린이가 건강하고 균형 잡힌 성장을 할 수 있도록 도와주는 중요한 역할을 한다. **교육과정은 단순히 교육의 내용을 담은 일련의 과정이기보다는 교육이 나아갈 방향을 제시하고, 교사가 매순간 교육적 판단과 결정을 할 수 있도록 철학과 가치 및 교육원리를 담고 있다.** 또한 적절한 환경구성과 부모와의 협력을 위한 방향과 방안을 제시함으로써 어린이의 배움과 성장을 지원한다.

한솔어린이보육재단은 2019년 놀이 중심 교육이 강화된 개정누리과정이 시행되기 이전부터 어린이의 이미지와 권리를 들여다보면서 놀이 중심 교육을 실천하고자 현장 교사들과 머리를 맞대고 고민하며 연구해 왔다. 그 결과 어린이 중심·놀이 중심 교육의 우수한 사례를 내·외부로 제시하면서 교육 실천에 있어 선도적인 역할을 하고 있다. 이제 한솔어린이보육재단은 매일 매순간 유능한 교사가 되기 위해 고민하고 노력하는 교사들을 체계적이고 구체적으로 지원함으로써 보다 적극적인 교육 실천을 돕고자, 지난 수년 간의 교육 실천

과정을 바탕으로 한솔영유아교육과정 총론을 출판하기로 결정했다.

　한솔영유아교육과정 총론은 총 4부로 구성이 되어있다. **1부**는 「**한솔영유아교육과정의 기초**」 부분으로 1장은 국가수준 교육과정의 역사, 2장은 한솔영유아교육과정의 방향에 대하여 기술하고 있다. 세계 선진 국가들의 교육 관점을 교육과정의 측면에서 살펴봄으로써 세계 국가수준 영유아교육과정의 동향과 우리나라의 교육과정에 대한 시사점을 알아보았다. 이어서 한솔영유아교육과정의 정립 배경, 추구하는 어린이상과 교육가치, 교육목적과 교육목표에 대하여 다루고 있다. 이 세상의 모든 어린이들이 몸과 마음이 건강하고, 다른 사람과 행복하게 소통하고 협력하며, 주체적이고 창의적으로 사고하는 어린이 즉, '행복하게 살아갈 힘이 있는 어린이'로 성장하기를 소망하는 한솔영유아교육과정의 방향이 담겨 있다. **2부**는 「**한솔영유아교육과정에 대한 이해**」를 돕는 부분으로 1장은 한솔영유아교육과정의 특징, 2장은 교육과정 운영원리를 설명하고 있다. 놀이 중심의 발현적 교육과정 추구, 환경구성을 통한 교육가치 실천, 관찰과 기록을 통한 영유아의 성장 발달 지원, 교육목표와 연계된 배움영역 설정과 지원, 부모와의 협력, 이 다섯 가지는 한솔영유아교육과정을 설명하는 주요 특징이다. 이어서 영유아 존중, 통합적 접근, 놀이&프로젝트 기반 경험, 관계 중심, 협력 학습의 다섯 가지 운영원리를 정리하여 설명하고 있다. **3부**는 「**교사의 전문성**」 부분으로 1장은 교사의 역할, 2장은 교사의 성장을 기술하고 있다. 놀이와 배움을 지원하고, 기록을 작성·활용하며 수평적 협의 문화를 이루어가는 교사의 역할을 영아와 유아의 놀이사례를 중심으로 구체적으로 제시하면서 이해를 도왔다. 이어서 교사의 전문가적인 성장, 연구자적인 성장, 학습공동체로의 성장을 현직교육, 연구모임, 현장사례 공유를 중심으로 제안하고 있다. **4부**는 「**영유아놀이와 놀이영역의 실제**」 부분으로 1장은 놀이를 통해 배움이 일어나는 공간, 2장은 놀이영역의 개요를 설명하고 있다. 특히, 4부의 내용은 이후 출간되는 사례집과 연결되는 부분으로서 총론에서는 개요 중심으로 간단하게 다루고 있으며, 구체적인 교육현장 적용 방법과 다양한 실제 예시는 사례집을 참고할 수 있도록 하였다.

'교육계획은 어디까지 해야 할까? 무엇을 관찰해야 할까? 기록은 어디까지 담아야 할까? 놀이에 개입을 해도 될까? 언제 개입을 해야 할까? 지켜보는 건 언제까지 해야 할까? 무엇을 지원해야 할까?' 등 어린이중심·놀이 중심 교육과정은 교육현장에서 교육을 실천하는 우리에게 많은 물음표를 안겨주었다. **한솔영유아교육과정은 교육현장의 다양한 맥락과 상황에서 일어나는 수많은 물음표에 대한 실질적 지침서로서 초임교사를 포함하여 교육과정 실천에 어려움을 겪고 있는 교사들에게 구체적인 가이드가 되기를 바란다.**

한솔어린이보육재단이 어린이의 유능함과 잠재력을 인정하고 존중하는 교육철학을 실천해 온 지난 수년간의 이야기를 교육과정으로 엮어내기까지는 쉽지 않은 과정과 고민이 있었다. 교사의 능동적인 창의성을 짧은 용어나 문장으로 제한하게 되지는 않을지, 문장이 의미하는 바가 제대로 전달되지 않아 교육적 오해가 생기지는 않을지 등의 고민과 우려에도 불구하고 한솔영유아교육과정 총론이 마무리될 수 있었던 것은 우리 어린이 한 명 한 명이 '행복하게 살아갈 힘이 있는 어린이'로 성장하여 행복한 삶과 사회를 만들기를 바라는 교사와 원장의 간절한 마음과 바람이 있었기 때문이다.

  이제 한솔영유아교육과정이 실천적인 교육과정으로 위상을 다지고 나아가 우리나라 영유아교육에 몸담고 계신 분들에게 교육적 영감과 아이디어를 줄 수 있기를 기대하며 설레는 마음으로 첫 발을 내디뎌 본다.

2025년 1월
한솔영유아교육연구소

1부
한솔영유아교육과정의 기초

I. 국가수준 교육과정의 역사   12
1. 세계 국가수준 영유아교육과정의 동향
2. 우리나라 국가수준 영유아교육과정의 변천

II. 한솔영유아교육과정의 방향   26
1. 교육과정의 정립 배경
2. 추구하는 어린이상
3. 추구하는 교육적 가치
4. 교육목적과 교육목표

2부
한솔영유아교육과정의 이해

I. 한솔영유아교육과정의 특징   40
1. 놀이중심의 발현적 교육과정을 추구한다
2. 환경 구성을 통해 교육가치를 실천한다
3. 관찰과 기록을 통해 영유아의 성장과 발달을 지원한다
4. 교육목표와 연계된 배움영역을 설정하고 지원한다
5. 교육공동체인 부모와 긴밀하게 협력한다

II. 한솔영유아교육과정의 운영원리   81
1. 영유아 존중
2. 통합적 접근
3. 놀이&프로젝트 기반 경험
4. 관계 중심
5. 협력 학습

3부
교사의 전문성

I. 교사의 역할　　　　　　　　　　　　　　　　88
1. 놀이와 배움의 지원
2. 기록과 활용
3. 수평적 협의 문화 조성

II. 교사의 성장　　　　　　　　　　　　　　　　144
1. 현직교육을 통한 전문가적인 성장
2. 연구모임을 통한 연구자적인 성장
3. 현장 사례 공유를 통한 학습공동체로의 성장

4부
영유아 놀이와 놀이영역의 실제

I. 놀이를 통해 배움이 일어나는 공간: 놀이영역　　　154
1. 놀이영역 구성의 기준
2. 놀이영역 제안에 대한 취지

II. 놀이영역의 개요　　　　　　　　　　　　　　158
1. 빛놀이　　　　　　6. 몸놀이
2. 블록놀이　　　　　7. 게임놀이
3. 상상놀이　　　　　8. 책놀이
4. 그리기놀이　　　　9. 점토놀이
5. 자연놀이　　　　　10. 디지털놀이

1부
한솔영유아교육과정의 기초

Ⅰ. 국가수준 교육과정의 역사 ·············· 12
    1. 세계 국가수준 영유아교육과정의 동향
    2. 우리나라 국가수준 영유아교육과정의 변천

Ⅱ. 한솔영유아교육과정의 방향 ·············· 26
    1. 교육과정의 정립 배경
    2. 추구하는 어린이상
    3. 추구하는 교육적 가치
    4. 교육목적과 교육목표

I. 국가수준 교육과정의 역사

1. 세계 국가수준 영유아교육과정의 동향

21세기는 스마트기술력 기반의 초연결사회로 경제와 사회 전반의 급속한 변화로 이어진다. 스마트폰으로 대표되는 삶의 양식 변화로 인해 개개인의 생활과 경험의 범위를 넘어 지역과 국가, 연령 등의 한계가 줄어들고 연결망을 통한 개인과 개인 간 접촉과 소통의 기회는 그만큼 늘어간다. 여행, 음식, 대중문화 등의 '글로벌'한 공통 경험이 늘어가는 동시에 전지구적인 문제들, 즉 빈곤, 환경과 기후, 에너지 등 동시대적인 어려움을 함께 겪고 대비해야 하는 필요성도 높아지고 있다. 글로벌 협력의 필요성 증가로 인해, 개인과 사회 모든 측면의 건강(안녕, well-being)한 삶의 지향, 인간과 자연의 공존을 통한 지속 가능 발전은 전 지구적 차원에서 공동으로 추구해야 하는 현 시대의 교육 지향점이다.

21세기 들어, 세계 여러 국가들은 급속한 사회적 변화와 시대적 요구에 부응하여 새로운 국가수준 교육과정을 공표하고 있다. 이미 주요 선진국들은 경제 구조의 변화에 따른 인구 감소, 가족 구조의 다양화, 여성의 경제 활동 보편화 등의 사회 변화를 우리나라보다 앞서 직면하였으며 영유아의 보호와 교육에 대한 사회적 요구를 영유아 교육정책에 반영해왔다. 이 배경에는 영유아교육을 국가적 공공재로 동의한다는 국가 정책의 전환이 있다. 다시 말해, 영유아 시기가 전 생애적 발달의 기초로서 영유아기부터 연속성 있는 교육이 이루어질 때, 미래 인재 육성과 사회 복지적 측면 모두에서 국가적인 교육 투자의 효율이 높다는 측면에 이 국가들이 주의를 기울이고 있다는 것이다.

세계 여러 국가들의 영유아교육은 교육정책 및 교육과정에서 각기 다른 특성의 다양성을 볼 수 있다. 그런데, 각 나라가 채택하는 교육정책 및 교육과정은 추구하는 교육 가치와 영유아에 대한 관점에 따라 인지 중심적 교육 관점과 전인적 교육 관점으로 구분된다.[1] 이 두 관점을 교육과정의 측면에서 살펴봄으로써 세계 국가수준 영유아교육과정의 동향과 우리 교육과정에 대한 시사점을 알아보고자 한다.

---

1) 육아정책개발센터(2008). OECD 영유아 교육·보육정책Ⅱ. pp.120~125.

1) 인지 중심적 교육 관점

 인지 중심적 교육 관점을 추구하는 국가는 인지발달, 조기 문해력, 산수에 초점을 두는 경향이 있다. 이 관점에서 보면, 영유아기는 이후의 학교생활과 직장생활을 준비하기 위한 시기로서 미래에 대한 투자로 이해된다. 영유아교육을 조기 교육 특성과 초등학교에서의 성취의 측면에서 이해하므로 개별 영유아의 특성에 집중하기보다는 영유아교육 기관의 생활에 적극적으로 참여하는 시민으로 이해된다.
 이러한 교육 관점에 해당하는 국가로 프랑스와 미국 등의 영어권 국가들(뉴질랜드의 Te Whāriki 교육과정 제외)이 있다. 이 교육과정에는 놀이와 경험 위주의 교육과 함께 문해와 산수 등 인지교육 활동이 계획되며 학습 목표의 달성 기준을 제시하고 관찰 중심의 평가를 실시한다. 이러한 교육 접근은 학습의 준비를 마치고 초등학교에 입학한다는 점에서 유익하다. 특히 4~5세경 유아는 읽기, 쓰기, 셈하기를 포함하여 인지적 탐구와 학습을 즐겨한다는 점에서 학습 자체가 문제가 되지는 않는다. 또한 학습영역에 대한 기대 수준을 명확히 한다는 점에서 학습 기준에 도달하지 못한 유아에게는 개별적 지원이 이루어진다. 이러한 서비스가 국가 수준에서 이루어지므로 모든 영유아가 삶의 출발에서 평등한 시작을 하고 조기 발달을 위한 지원을 받을 수 있다는 점에서 민주적 접근을 엿볼 수 있다. 다만 기대 수준을 제시하는 것이 교육적 표준이 된다는 장점은 있지만 자격을 갖춘 교사가 일관된 방식으로 해석하고 교육 장면에서 의미 있게 실천해야 한다는 전제가 필요하다.

2) 전인적 교육 관점

  전인적 교육 관점을 추구하는 국가들은 초등학교 준비 그 이상의 총체적이고 전인적인 성장을 추구한다. 영유아를 각기 다른 욕구와 소망을 가진 존재로서 스스로의 학습과 성장을 주도하는 사람으로 신뢰한다. 영유아기 자체로 그 중요성을 이해하므로 영유아의 감각, 상상력과 창의성을 존중하고 놀이와 같은 비형식적 교육과정을 통해 사회적 협력과 의사소통 등 기초적이고 광범위한 역량에 집중한다. 그러므로 교육과정을 표준화하기보다는 영유아 교육의 가치와 목적, 과정에 대한 지침을 제공함으로써 지역의 여러 교육기관이 교육 원칙을 준수하면서 다양하고 자율적으로 교육할 수 있도록 안내한다.

  이러한 교육 관점에 해당하는 국가로 핀란드, 스웨덴 등의 북유럽과 독일, 이탈리아 등 중앙유럽 국가들이 있다. 풍부한 놀이 환경에서 영유아의 자연스러운 학습과 개별적인 발달을 돕는 교육을 통해 영유아의 권리를 보장하고 있다. 이러한 교육 관점에서는 보편적이고 일반적인 발달과 성장 기준을 제시하기는 어렵다. 각 영유아의 발달 상황에 따라 개별적인 목표가 제시되고 교육을 통해 달성되고 있는지가 평가되어야 한다. 바로 이 점은 발달과 학습에 대한 기준이 불분명하고 모호하게 여겨지고 어떤 경우에는 기준이 없다는 의미로 이해될 우려가 있다.

3) 우리 교육과정에 주는 시사점

 이상과 같이 세계 국가수준 영유아교육과정의 동향을 살펴보았다. 이 내용을 통해 세계 각 국가들은 지향하는 교육가치와 국가적 상황, 교육 전통에 따라 다양한 교육과정을 채택하고 교육을 실천하고 있음을 알 수 있다. 또한 인지 중심적 교육 관점과 전인적 교육 관점의 교육과정은 교육 실천의 측면에서 보면 그 각각의 장점과 단점이 있음을 알 수 있다. 국가수준 교육과정은 정답의 형태로 고정적이지 않으므로 장단점을 고려하여 교육 상황에 맞게 실현할 수 있겠다.

 그럼에도 불구하고 영유아기만의 고유성에 주목하고 '지금 여기(here and now)'의 교육에 집중함으로써 영유아가 가진 잠재력을 확장한다는 점에서 전인적 교육 관점에 기반한 교육과정이 21세기 교육 지향점에 적절한 것으로 보인다. 현 시대의 인재는 자연과 공존하며 지속가능한 발전을 이루어내면서 자신과 자신이 속한 사회의 안녕을 실현할 수 있는 역량 중심의 인간이기 때문이다. 이런 맥락에서 2019년 고시된 개정 누리과정은 전인적 교육 관점을 지향하고 있다고 볼 수 있다.

 한편, 세계 국가수준 영유아교육과정의 동향을 통해 여러 국가들이 영유아의 개별적 관찰 및 개별 교육과정에 대한 국가적 시스템이나 평가 체계를 갖추고 있다는 것을 알 수 있다. 하지만 영유아의 발달과 성장에 대한 세부적인 기준이 영유아의 개별적인 특성을 이해하는 데 걸림돌이 될 수도 있다. 그럼에도 불구하고 발달과 성장에 대한 모호한 기준으로는 교육현장에서 개별 영유아의 특성에 맞는 교육을 실현하기 어렵다는 제한점이 있다. 감성과 인지, 사회성과 창의성을 골고루 갖춘 인재를 양성하기 위해서는 발달과 성장에 대한 포괄적이고도 의미 있는 평가가 이루어져야하므로 개별 영유아에 대한 책무감을 가진 교육 접근이 필요하겠다.

국외 국가수준 유아교육과정의 특성 요약

국가 (유아교육과정)	목표	주요 내용		시사점
핀란드 (National core curriculum for ECEC)	유아의 통합적 성장, 발달, 배움을 위한 평등한 조건을 형성	• 유아교육과 보육이 통합된 교육과정 운영 ✓ 놀이 중심, 놀이와 관련된 유아 권리 강조 ✓ 돌봄 철학의 가치를 반영		• 돌봄 철학 강조 • 놀이 중심 • 유아개별수준 교육과정 계획
뉴질랜드 (Te Whāriki)	유아교육기관의 교육과정과 프로그램이 일관되게 운영될 수 있는 기초 마련	• 교육과정 원리 ✓ 임파워먼트 ✓ 통합적 발달 ✓ 가정과 지역사회 관계	• 교육과정 요소 ✓ 웰빙 ✓ 소속감 ✓ 기여 ✓ 소통 ✓ 탐색	• 기관 및 교육과정 운영의 다양성 지지 • 국가의 사회문화적 가치 반영
싱가포르 (Nurturing Early Learners)	기관에서 양질의 교육과정을 계획하고 실행하도록 안내	• 핵심역량 ✓ 학습하고, 탐색하고, 독창적인 사고를 준비하고자 하는 동기 ✓ 비판적으로 생각하고, 선택사항을 평가하고 올바른 결정을 할 수 있는 능력 ✓ 다른 생각과 시각을 가진 다양한 문화적 배경을 가진 타인들과 함께 협력하는 능력		• 핵심역량 기반 • 학습 영역, 목표, 성과 제시 • 학습 영역별 체계적인 기술
호주 (Belonging, Being & Becoming The Early Years Learning Framework)	유아의 잠재력을 최대화하고 미래학습 성공에 필요한 기초를 발달	• 학습성과 ✓ 분명한 정체성 확립 ✓ 세상과의 소통 ✓ 자신의 안녕에 대한 확신 ✓ 학습에 대한 자신감과 참여의지 ✓ 효과적인 의사소통 기술		• 성취결과로서 학습성과 제시 • 유아의 안녕, 소속감 강조 • 영유아 연령 및 기관 간의 순조로운 연계
영국 (Early Years Foundation Stages)	발달 및 성취기준을 강조	• 학습과 성장을 위한 일곱 영역(의사소통과 언어, 신체발달, 인성/사회성/정서발달, 문해력 수학, 세계이해)이 상대적으로 교과화되어 있음 • 단계별로 제시된 수준은 유아평가, 기관평가를 위한 자료로 활용		• 발달과 성취기준을 강조

출처: 임부연 외(2021). 유아·놀이 중심 유아교육과정. 경기: 공동체. pp.97.

2. 우리나라 국가수준 영유아교육과정의 변천

국가수준 교육과정은 교육의 핵심적 가치와 지향점을 담고 있으며 교육 내용의 선정과 교육 방법, 그리고 평가에 대한 방향을 제시한다. 또한 국가수준 교육과정은 시대적 변화와 사회적 요구를 반영함에 따라 지속적으로 변화해감으로써 교육의 핵심가치 및 교육 방향을 새롭게 제시한다. 우리나라는 현재까지 유아교육과 보육이 이원화된 국가로서 유치원 교육과정과 어린이집 보육과정이라는 두 차원의 국가수준 교육과정을 공표해 왔으나, 앞으로는 유보통합이 진행되며 통합된 교육과정이 제시될 예정이다.

1) 유치원 교육과정의 질적 변천

최초의 국가수준 영유아교육과정은 1969년에 제정된 '제1차 유치원 교육과정'이다. 20세기 중후반을 거치면서 우리나라는 급속한 경제성장과 정치적 격동을 겪었다. 각 시기별, 사회적 요구에 맞게 유치원 교육과정은 몇 차례 개정을 거듭하면서 국가수준 교육과정으로서의 위상과 체계를 갖추어갔다.

새로운 세기를 맞이하기 직전, 우리나라는 21세기를 준비하기 위한 교육혁신 방안들을 마련하였다.[2] '학습자 중심 교육'이라는 핵심가

---

[2] 1995년 5·31 교육개혁을 말한다. 특성화, 학생중심교육과 자율성, 정보화를 통한 열린 교육, 평가제 도입 등의 내용이 포함되며 이후 1997년 6월까지 보완되었다. 교육개혁방안은 세계화·정보화 시대를 주도하기 위한 기본적인 교육 틀로서 현재까지 기본 체제 및 철학이 유지되고 있다. 유아교육 공교육 체제 확립방안과 유아교육·보육 일원화 등의 논의가 바로 이 교육개혁에 근거하고 있다.

치가 전 연령의 교육에 등장하였으며 '교육 패러다임의 변화'가 전격적으로 요구되었다. 지식정보화 시대 인재 양성을 위한 국가적 노력을 바탕으로 전 지구적 차원에서의 교육 지향점 등 여러 흐름을 반영하면서 유치원 교육과정은 지속적으로 개정이 이루어져왔으며 현재, 2019 개정 누리과정에 이르렀다.

2) 어린이집 보육과정의 질적 변천

국가수준 보육과정은 2007년에 이르러서야 제정되었다. 어린이집이 양적으로 급성장하게 된 배경에는 1991년의 영유아보육법 제정이 있다. 1980년대 이후 도시 빈민과 취업모의 증가, 저소득층 아동 및 농어촌 지역 아동의 방치가 사회적 문제로 대두되면서 영유아보육법이 제정되었고 이 법을 근거로 어린이집 수가 급증하게 되었다. 당시 어린이집은 영유아에 대한 신체적 보호 위주의 역할을 하였다.

21세기 들어, 보육의 공공성 강화와 질적으로 높은 수준의 보육에 대한 요구가 높아짐에 따라 우리나라 대부분의 어린이집에서도 따르고 지켜야하는 보편적 보육내용을 최초로 제시한 것이 제1차 표준보육과정이다. '전인적 성장과 발달'을 지향하는 표준보육과정의 등장으로 인해 어린이집은 질적 보육, 즉 교육적 돌봄에 대한 근거를 마련함으로써 유치원과의 교육적 격차를 줄여가기 시작했다.

3) 유치원 교육과정과 표준보육과정의 단계적 일원화

2007년은 제1차 표준보육과정이 제정된 해이기도 하지만 유치원 교육과정이 개정된 해이기도 하다. 2007 개정 유치원 교육과정은 지식 정보화 시대를 주도할 인재 양성을 기본방향으로 구성되었다. 2007 개정유치원 교육과정은 2004년 제정된 유아교육법을 근거로 하고 있다. 제1차 표준보육과정은 2004년 영유아보육법 개정을 근거로 하고 있고 교육과정 방향이나 내용 측면에서 두 국가수준 교육과정 간의 격차가 있음에도 불구하고 일원화를 향한 기초적인 정비 과정으로 이해할 수 있다.

이후의 유치원 교육과정 명칭은 '누리과정'으로 유치원 교육과정과 표준보육과정을 일원화하는 과정에서 붙여진 이름이다. 교육과정이 일원화된다는 의미는 유치원의 3, 4, 5세와 어린이집의 3, 4, 5세가 동일한 교육과정으로 교육받는다는 것이다. 누리과정은 5세를 시작으로 이듬해 3, 4세도 단계적으로 개정되었다. 어린이집은 순차적으로 5세 공통과정, 3, 4세 공통과정을 보육과정으로 시행하였다. 2019 개정 누리과정은 유치원과 어린이집에 다니는 3~5세 유아에게 공통으로 적용되는 교육과정으로 2020년 3월부터 동시에 시행하였다.

2007년 이후 유치원 교육과정과 표준보육과정의 변천 개요를 보면 유치원 교육과정과 표준보육과정은 상호 간의 일원화된 흐름을 단계적으로 수용하는 과정을 볼 수 있다. 그 결과, 현행 교육과정 및 보육과정은 그 목적을 '놀이를 통해 심신의 건강과 조화로운 발

달을 이루고 바른 인성과 민주 시민의 기초를 형성하고자 하는 것'
으로 일치시킴으로써 국가수준 교육과정의 전반적인 틀을 유지하고
있다. 3~5세 공통과정 이외의 0~1세, 2세 보육과정에도 놀이 중심·
영유아 중심 기조로 보육의 방향과 방법을 일관성 있게 제시하고 있
다. 이로써 우리나라의 모든 3~5세 유아가 일원화된 교육과정으로
출발선 평등을 보장받을 수 있게 되었다. 또한 국가수준 교육과정
차원의 통합 발판을 마련해 가면서 개정 표준보육과정, 개정 누리과
정, 초등교육과정과의 연계성 있는 교육을 제공할 수 있게 되었다.

4) 현행 국가수준 교육과정의 교육 지향점

 2012년 3~5세 연령별 누리과정은 연령별 교육내용이 과다하다는
문제가 있었다. 그럼에도 불구하고 연령별 교육내용이라는 점이 어
린이집 보육과정과의 일원화 과정을 용이하게 하면서 혼란을 최소
화했던 것은 분명하다. 그러나 교육내용의 과다는 교사주도의 교육
으로 나아갈 가능성을 내포하기도 한다. 이런 점을 보완하면서 더욱
적극적으로 미래사회에 부응하는 방향으로 제시된 것이 2019 개정
누리과정이다. 제4차 어린이집 표준보육과정과 2024 개정 표준보
육과정은 같은 기조로 개정되었으므로, 2019 개정 누리과정 중심으
로 교육 지향점을 정리하고자 한다.
 우선 개정 누리과정은 유아 중심·놀이 중심 교육과정으로서의 지
향을 분명히 하고 있다. 교육목적을 달성하기 위한 방법론적 차원
에서 '놀이'를 넘어서서 '놀이'가 목적이자 교육내용·방법임을 천명

하고 있다는 점에서 이전 국가수준 교육과정과의 차이를 두고 있다. 이것은 학습자 중심, 즉 자기주도적 학습자로서 '유아'를 교육의 중심에 두고 '배움'과 '삶'이 통합되는 실존적 교실을 실현하고자 하는 혁신적인 교육 접근이기도 하다.

　이러한 교육 접근을 현장에서 실천하기 위해서는 교사의 혁신성이 요구된다. 개정 누리과정은 교사의 혁신성에 대해 자율성과 책무성으로 설명하고 있다. 교육을 실행하고 평가를 통해 교육계획이 이루어지는 모든 단계에서 교사는 '자율적으로 판단'해야 한다. 이 때, 자율적 판단은 영유아의 놀이 속에 녹아 있는 배움을 읽어낼 수 있는 '교사로서의 책무'를 다할 때 가능해진다. 그러므로 놀이 중심 교육과정은 교사의 책무성이 자율성을 뒷받침할 때 완성된다.

　또한 개정 누리과정에서는 평가의 자율성에 대해 논의하고 있다. 이는 교사의 혁신성과 연결되는 것으로 개별 영유아의 놀이를 이해하는 것이 핵심이다. 개별 영유아의 놀이에 집중함으로써 영유아의 배움과 성장에 대해 자율적이고도 주관적인 평가를 하도록 한다. 그러므로 사실상 유아에 대한 평가는 매 순간 일어나는 것일 뿐만 아니라 놀이 중심 교육철학과 실행에 대한 교사 자신을 되돌아보는 것도 함께 요구된다.

　국가수준 교육과정의 혁신성은 현장수준의 교육과정을 실천하는 교사에게 큰 어려움이자 부담이기도 하다. 각기 다른 교육상황에 따른 교육과정을 생성하기 위해 고군분투하는 각각의 교사에게도 교육 지원이 필요하다. 그러나 개정 누리과정의 교육 실천이 교사의 개별적 역량에만 맡겨져 있는 것은 현재 우리 상황임을 부정하지 못한다. 놀이와 배움의 본질에 충실한 교육을 실천하는 것은 교사의 희망사항이기도 하다. 이를 위해 한걸음 나아갈 수 있도록 교사의 자율성 및 책무성을 지원하고 지지하는 체계가 필요하다.

2007년 이후 유치원 교육과정과 표준보육과정의 변천 개요

연도	유치원 교육과정 공식 명칭 / 특성 및 교육과정 영역 / 목적	연도	표준보육과정 공식 명칭 / 특성 및 교육과정 영역 / 목적
2007년	**2007 개정 유치원 교육과정** • 3~5세 • I, II, 공통(수준별) 교육과정 • 건강생활/사회생활/표현생활/언어생활/탐구생활 • 알맞은 교육환경을 제공하여 유아를 교육하고 심신의 조화로운 발달을 돕는 것	2007년	**제1차 표준보육과정** • 2세 미만, 2세, 3,4,5세 • 질적 보육을 위해 개발 및 보급 • 건강생활/신체운동/사회관계/의사소통/자연탐구/예술경험 • 전인성장과 발달을 돕고 민주시민의 자질을 길러 심신이 건강하며 조화로운 사회구성원으로 자라도록 함
2011년	**5세 누리과정** • 5세 누리과정(공통과정) • 3, 4세는 기존 유치원 교육과정 • 3~5세 연령별 누리과정을 위한 단계적 도입 • 5세 누리과정은 5세아에게 필요한 기본 능력과 바른 인성을 기록, 민주시민의 기초를 형성하는 것을 목적으로 함	2012년	**제2차 표준보육과정** • 2세 미만, 2세, 3,4세 • 5세 (공통과정) • 보육과정 영역 유지 • 총론 추가, 보육과정의 방향성 제시 • 보육목적 유지
2012년	**3~5세 연령별 누리과정** • 3~5세(공통과정) • 교육과정이 연령별로 제시됨 • 자율성과 창의성 강조 • 신체운동·건강/의사소통/사회관계/예술경험/자연탐구 • 심신의 건강과 조화로운 발달을 도와 민주시민의 기초를 형성하는 것	2013년	**제3차 표준보육과정** • 0~1세, 2세, 3~5세(공통과정) • 보육과정 영역 유지 • 보육내용 유지 • 누리과정 반영하여 보육과정 전반에 자율과 창의 강조 • 심신의 건강과 전인발달을 도와 행복을 도모하며 민주시민의 기초를 형성하는 것
2019년	**2019 개정 누리과정** • 3~5세(공통과정) • 유아의 경험내용으로 구성 • 신체운동·건강/의사소통/사회관계/예술경험/자연탐구 • 놀이를 통해 심신의 건강과 조화로운 발달을 이루고 바른 인성과 민주시민의 기초를 형성	2020년	**제4차 어린이집 표준보육과정** • 0~1세, 2세 • 3~5세(공통과정) • 보육과정 영역 유지 • 수준별 내용 삭제하여 보육내용 축소 함 • 놀이를 통해 심신의 건강과 조화로운 발달을 이루고 바른 인성과 민주시민의 기초를 형성

※ 2024 개정 표준교육과정: 0~1세, 2세, 3~5세 체계는 유지하면서 누리과정과의 연계 강화

II. 한솔영유아교육과정의 방향

1. 교육과정의 정립 배경

1) 한솔영유아교육과정의 철학적 배경

 한솔어린이보육재단은 핵심가치인 사랑, 신뢰, 협동을 토대로 교육과정 구성과 운영의 근간이 되는 교육철학을 정립하였다. 이 과정에서 재단은 모기업인 (주)한솔교육의 구성주의 교육철학과 교육 분야의 시대적 흐름을 고려하였고, 하나의 이론이나 실천이 아니라 다양한 선진 교육 실천들을 참조하고 있다. 어린이의 잠재력과 권리를 존중하는 선진 유아교육 실천 사례인 레지오 접근법에 영감을 받았고, 일본의 지켜보는 교육, 생태적 관점, 반응적 교수 이론, 집단지성 및 집단 창의성 이론, 해석적 의사소통 이론 등을 참조하고 있다. 포괄적으로, 한솔영유아교육과정의 교육철학은 어린이뿐 아니라 모든 인간은 다양한 주체들과 더불어 배우고, 성장하며, 살아가는 존재라는 점을 전제로 하는 사회구성주의 관점을 견지하고 있다.

2) 한솔영유아교육과정과 국가수준 교육과정

  한솔영유아교육과정은 2019년 고시된 「개정 누리과정」과 2024년 고시된 「개정 표준보육과정」의 정신과 방향성을 존중하면서, 한솔어린이보육재단 교육현장의 보편적인 교육의 질적 수준 제고를 위해 교육과정을 제시하고 있다. 개정된 표준보육과정과 누리과정은 교육의 질 확보를 위한 최소한의 기준이다. 현장의 교사는 이 내용을 충실하게 숙지하고 수행하는 것에서 출발하여 각 교육기관, 각 교실의 독특하고 고유한 특징이 살아있는 교육과정으로 구성 및 운영하도록 한다. 특히 한솔영유아교육과정은 교육 실천 과정에서 세 가지의 교육 가치 즉, '도담별(협력의 가치)', '도담솔(생태적 감수성)', '도담뜰(소통의 가치)'을 실현하는 것을 강조하고 있다. 국가수준 교육과정이 견지하고 있는 교육 지향점과 한솔영유아교육과정의 교육철학은 궤도를 같이하기 때문에 국가수준 교육과정과 통합하여 운영하는 것에는 무리가 없다.

3) 한솔영유아교육과정 정립의 취지와 방향

  2017년부터 한솔어린이보육재단은 어린이집의 우수 실천 사례 공유를 중심으로 0~5세 영유아교육의 가치와 실천 방향을 정리하는 과정을 진행하였으며 교육 실천의 구체적인 자료를 축적해 왔다. 그동안 축적해 온 실천적 교육 자산을 토대로 한솔어린이보육재단이 추구하는 교육가치와 교육과정을 체계적으로 구성 및 조직함으로써 한솔영유아교육과정을 정립하고자 한다. 한솔영유아교육과정은 다양한 맥락과 상황의 교육 장면에서 자율적 판단 및 실행을 통해 경험을 확장할 수 있는 실질적 지침서가 될 것이다. 그리고 여기서 다양한 사례를 제시하고 있으므로, 초임교사를 포함하여 교육과정 실천에 어려움을 겪고 있는 교사들에게 구체적인 가이드가 될 수 있을 것이다. 또한, 교육목표와 연계된 배움영역을 설정하고 있으며, 이를 연결 짓는 특성화프로그램도 제안하고 있다. 한솔영유아교육과정이 실천적인 교육과정으로서 위상을 다지고 나아가 우리나라 0~5세 영유아교육 관련 교육자들에게 교육적 영감과 아이디어를 줄 수 있기를 기대한다.

2. 추구하는 어린이상

1) 어린이를 바라보는 관점

어린이를 어떤 관점에서 바라보느냐에 따라 교육실천의 방향과 실행은 달라진다. 한솔영유아교육과정에서는 어린이를 스스로 성장해가는 '유능한 존재'로 바라본다. 어린이는 현재 수준에 머물지 않고 끊임없이 나아가는 '역동적 존재'이다. 한솔어린이보육재단 교육 현장에서는 자신의 경험을 통해 세상을 이해하고 의미를 찾아가는 '유능한 존재'로서 어린이를 발견하고 감동하는 사례를 볼 수 있다.

어린이가 사회적 구성원으로서 발달 및 성장하는 과정에서 성인 사회의 지원이 필요하다. 어린이가 매 순간 다양한 방향의 미시적 발달을 추구하는 역동적 과정에서 교사가 어린이의 잠재적 가능성에 주목함으로써 민감하고 적절하게 반응할 때 어린이는 풍부하고 다양한 경험을 쌓아갈 수 있다. 한솔영유아교육과정은 교사와 어린이가 존중과 배려로 상호 간의 이해를 끊임없이 조정해 나가는 교육을 강조한다. 진정한 의미의 쌍방향 상호작용을 통해 어린이의 잠재력을 꽃피울 수 있는 교육을 구현하고자 한다.

2) 추구하는 어린이상

한솔영유아교육과정이 추구하는 어린이상은 '행복하게 살아갈 힘이 있는 어린이'이다. 행복의 사전적 의미는 '생활에서 기쁨과 만족감을 느껴 흐뭇한 상태'이며 주관적이고 다양한 형태로 경험될 수 있는 감정이다. 한솔영유아교육과정에서는 작은 성취와 자아감 등 긍정적인 감정을 기반으로 주변 사람들과의 관계에서 기쁨을 느끼면서 일상에 만족하는 상태를 행복이라고 본다. '행복하게 살아갈 힘'은 '건강', '주체성', '자존감', '관계 능력(소통, 협력)' 등으로 구체화할 수 있다. 한솔영유아교육과정에서는 '행복하게 살아갈 힘이 있는 어린이'를 다음과 같이 정의한다.

몸과 마음이 건강한 어린이 　　소통하고 협력하는 어린이 　　주체적이고 창의적으로 사고하는 어린이

몸과 마음이 건강한 어린이

　신체적으로 건강하며 긍정적인 정서를 유지하고 즐겁게 생활하는 어린이를 말한다. 한솔영유아교육과정은 어린이들이 건강하고 안전하게 생활할 수 있는 습관과 태도를 기르며 건강한 몸으로 성장할 수 있도록 돕는다. 더불어 자기 자신을 있는 그대로 수용하며, 일상 속에서 긍정적인 정서를 유지하고 즐거운 경험을 쌓아갈 수 있도록 돕는다.

소통하고 협력하는 어린이

　자기 자신을 포함하여 주변의 자연환경 및 다양한 사람들과 원만하고 바람직한 관계를 맺을 수 있는 어린이를 말한다. 한솔영유아교육과정은 어린이가 자기 자신을 이해하고 자신과 원활하게 소통할 수 있으며, 자신을 둘러싼 자연환경을 포함하여 주변의 다양한 사람들에게 관심을 갖고 함께하는 것을 즐기고 좋아하는 사람으로 성장할 수 있도록 돕는다. 또한, 여러 가지 경험을 통해 주변과 소통하고 협력하는 관계 능력을 배울 수 있도록 돕는다.

주체적이고 창의적으로 사고하는 어린이

 느끼고 생각하는 것을 즐거워하고 자신의 생각과 의견을 자유롭게 표현하며 주변의 정보를 분석하고 판단해 나가는 어린이, 상상력이 풍부하고 다양한 문제를 스스로 풀어가는 어린이를 말한다. 한솔영유아교육과정은 어린이들이 주변을 둘러싼 대상들에 호기심을 갖고 탐색하며 여러 가지 아이디어를 통해 문제해결능력과 유능감, 자신의 아이디어를 놀이와 행동으로 이끌어 갈 수 있는 주도성을 키워 갈 수 있도록 돕는다.

 이처럼 한솔영유아교육과정에서는 추구하는 어린이상을 실현하기 위하여 '놀이를 통한 통합적 경험'을 하도록 지원하고자 한다. 그러므로 '추구하는 어린이상'은 앞으로 배우며 성장해 가야 할 어린이의 모습이면서 동시에 매일의 일상에서 놀이하며 배워 가는 모습이기도 하다.

3. 추구하는 교육적 가치

 한솔영유아교육과정에서 지향하는 교육 가치는 '의사소통과 관계 맺음의 능력 함양', '자연과 만남에서 생태적 관점 및 태도 형성', '함께 세상을 탐구하고 살아가는 능력 증진'이다. 이 가치는 미래사회를 살아갈 어린이들에게 매우 중요한 자질로서 어린이집 교육 현장에서 '도담뜰', '도담솔', '도담별' 교육으로 실천된다. 한솔영유아교육과정에서 세 개의 교육 가치를 특별히 강조함으로써 모든 어린이가 '행복하게 살아갈 힘이 있는 어린이'로 자라나도록 지원하고자 한다. 이 교육 가치는 국가수준 교육과정과 별도로 운영하거나, 도담뜰, 도담솔, 도담별 실천을 위한 연간계획을 교육과정과 별도로 수립할 필요는 없다. 추구하는 가치가 현장에서의 일상과 교육 등 모든 경험과 통합되어 실천될 때 비로소 의미를 찾을 수 있다. 그러므로 교사는 이 가치를 반영하여 어린이 놀이 중심 교육과정을 구성 및 운영하고, 일상 속에서도 살아 숨쉬는 교육으로 실천해야 한다.

또한, 이 세 가지의 교육 가치는 개별적으로 적용되어야만 하는 것이 아니라 놀이 또는 일상적 상황 안에서 자연스럽게 상호 연결되어 작동할 수 있다. 다만 놀이나 경험 안에서 세 가지 가치가 동시에 공존하거나 작동하면서도 한 가지 혹은 두 가지 가치가 핵심적으로 부각되는 것은 자연스러운 것이기도 하다.

한솔영유아교육과정에서 추구하는 교육 가치에 대한 세부 내용은 다음 표와 같다. 이는 각 가치가 드러나는 놀이 경험을 지칭하기도 하고, 동시에 그 경험이 일어나는 공간 및 특정 유형의 자료와도 연관되어 있다.

한솔영유아교육과정의 추구하는 교육 가치			
구분	도담뜰	도담솔	도담별
가치	만남과 소통 대인 간 관계 맺기	생태적 감수성 지속가능성 자연과의 관계 맺기	협력, 탐구, 창의성 함께 탐구하고 배우기
주요 공간	도담뜰 (현관, 복도, 전이공간)	교실, 옥외	아틀리에, 교실 (소규모 학습집단)
자료 예시	책, 게시물, 놀잇감, 디지털 미디어	자연과 자연물	다양한 일상 사물

1) 도담뜰

　도담뜰은 책이 비치되어 있는 공간의 명칭이자 이 공간에서 만나고 소통하며 생기는 놀이 경험을 말한다. 어린이들은 이 공간에서 책을 통해 세상을 알아갈 뿐 아니라 놀이와 놀잇감을 공유하기도 하며, 이 경험을 영상, 패널, 몸짓, 그림이나 조형물, 이야기와 같이 다양한 소통 매체를 통해 또래, 교사, 부모들과 나누기도 한다. 그러므로 도담뜰에서 책을 만나는 경험을 통해 어린이들은 지식과 삶의 지혜를 얻고 상상력을 키우며, 더 나아가 다양한 표현 및 관계 맺음의 기회를 가짐으로써 서로 소통하며 세상에 대한 이해를 넓혀 가게 된다.

2) 도담솔

　도담솔은 어린이가 나름의 방식으로 자연과 만나서 탐구하고 관계를 맺는 과정에서 자연의 이치를 깨달을 기회가 생기는 놀이 경험을 말한다. 한솔영유아교육과정에서는 자연을 학습의 도구나 정복의 대상으로 바라보기보다 공존하는 생명 체계로 간주하며 자연과 공감하는 태도를 어린이에게 키우고자 한다. '도담솔' 환경 안에서 다양한 방식으로 자연과 관계 맺는 경험을 통해 어린이는 감각을 발달시키고 자연의 규칙성, 변화, 아름다움을 알아 가게 된다.

3) 도담별

　도담별은 함께 서로 다른 생각을 섞으며 배움을 키워갈 가능성이 있는 놀이 상황을 말한다. 어린이들의 자발적이고 능동적인 소집단 놀이는 어린이들에게 사회적 기술의 습득을 지원할 뿐만 아니라, 서로의 아이디어를 교류하고 결합시키면서 집단지성을 구성하는 인지적 학습이 일어나도록 한다. 특히 아틀리에와 같이 호기심을 자극하고 긴밀한 상호작용이 일어날 수 있는 공간은 어린이가 또래와 함께 자료를 탐색하고 실험하며 문제를 해결해 나가는 경험을 하도록 격려한다. 이 경험을 통해 어린이들은 협력하는 법과 자발적·주도적인 배움의 감각을 습득해 나가는 것이다.

4. 교육목적과 교육목표

우리 어린이가 살아갈 미래 사회는 급속한 변화의 시대, 다양한 문화와 연령의 사람들이 공존하는 다원화 사회, 고도화된 지식사회로 예상할 수 있다. 이런 시대에는 정보를 선별하고 창출, 융합하는 능력에 대한 요구가 더욱 높아질 것이다. 미래사회에서 성공적인 미래 인재로서 살아가기 위해서는 지금 현재, 행복한 어린이로 살아가는 것이 중요하다. 행복한 삶과 교육 경험을 통해 자신의 몸과 마음의 건강을 관리하는 기본을 형성하고 소통과 협력의 마음 및 태도를 기르며 주체적·창의적으로 생각하는 기쁨을 알아 가는 것이 필요하다.

한솔영유아교육과정에서는 어린이가 미래 사회 인재로서 필요한 역량을 키워갈 수 있도록 '행복하게 살아갈 힘이 있는 어린이'로 성장해야 함을 강조한다. 한솔영유아교육과정에서 추구하는 어린이상을 바탕으로 교육목적과 교육목표를 다음과 같이 정한다. 구체적인 교육목표는 '행복하게 살아갈 힘이 있는 어린이'로 성장하기 위해 필요한 지식과 태도와 기술을 의미하며 어린이들이 다양한 놀이와 일상을 경험하며 배워 나갈 항목들이다. 이러한 경험은 영유아기의 특성상 완성형이 아닌 성장의 과정이며, 다양하고 즐거운 놀이 경험을 통해 어린이가 자연스럽게 터득하고 습득해 나가는 것이다.

1) 교육목적

　모든 어린이들이 전인발달을 기초로 행복하게 살아갈 힘이 있는 어린이로 자라도록 돕는다.

2) 교육목표

몸과 마음이 건강한 어린이로 자란다.
- 건강의 소중함을 알고 올바른 생활 습관과 태도를 가진다.
- 자신에 대하여 긍정적으로 인식하고 존중한다.
- 자신의 감정과 욕구에 귀를 기울이고 적절하게 표현한다.
- 나와 주변에서 아름다움을 느끼고 즐긴다.

소통하고 협력하는 어린이로 자란다.
- 다른 사람과 더불어 지내는 즐거움을 알고,
  이해하고 배려하는 태도를 가진다.
- 주변환경 이해와 소통에 필요한 기초적인 문해력과
  수해력을 가진다.
- 문화다양성을 존중하고 다른 나라의 문화와
  언어에 관심을 가진다.
- 자연환경에 대한 관심과 생태적 감수성을 가진다.

주체적이고 창의적으로 사고하는 어린이로 자란다.

- 호기심과 탐구하는 태도를 가진다.
- 자신의 생각과 행동에 책임감을 가진다.
- 새롭고 다양한 방향으로 생각하는 것을 즐거워한다.
- 창의적으로 문제를 해결하는 기본적 사고능력을 가진다.

2부
한솔영유아교육과정의 이해

Ⅰ. 한솔영유아교육과정의 특징 ······················· 40
   1. 놀이 중심의 발현적 교육과정을 추구한다
   2. 환경 구성을 통해 교육가치를 실천한다
   3. 관찰과 기록을 통해 영유아의 성장과 발달을 지원한다
   4. 교육목표와 연계된 배움영역을 설정하고 지원한다
   5. 교육공동체인 부모와 긴밀하게 협력한다

Ⅱ. 한솔영유아교육과정의 운영원리 ······················· 81
   1. 영유아 존중
   2. 통합적 접근
   3. 놀이&프로젝트 기반 경험
   4. 관계 중심
   5. 협력 학습

I.
한솔영유아교육과정의 특징

1. 놀이 중심의 발현적 교육과정을 추구한다

한솔영유아교육과정은 발현적 교육과정을 추구한다. 발현적 교육과정은 영유아의 사고나 감정, 의도, 잠재력 등이 말, 움직임, 소리 등의 행동과 다양한 유형의 이미지로 표출되어 가는 일련의 교육적인 과정을 의미한다. 즉, 영유아의 놀이와 행동에서 흥미 또는 관심사를 파악하고 이와 관련된 개념, 태도, 정서, 기술 등을 이끌어 내기 위해 교육의 방향 및 내용과 방법을 전개해 가는 교육과정이다. 한솔영유아교육과정이 추구하는 발현적 교육과정은 다음과 같은 구체적인 교육 실천으로 실현된다.

1) 영유아 중심의 교육을 실현한다

'영유아'에서 교육이 출발할 뿐만 아니라 교육의 주도권이 영유아에게 있음을 인정한다. 이것은 영유아가 스스로 배우고 학습하는 인지적인 존재이고 자신의 배움을 진전시켜 갈 수 있는 주도적인 존재이며 삶에서 만나는 어려움을 감당하는 존재로서 정의할 때 가능하다. 교육의 시작과 과정에 '영유아'가 핵심이 된다는 것은 이미 영유아가 어린이집에서의 모든 시간에 배움을 이어가고 있다는 것, 그러므로 개별적인 교육과정이 이미 실현되고 있다는 것을 의미한다.

 성인 중심의 사회문화 속에서 학습 주체자로서 영유아에 대한 믿음과 존중은 당연하지 않으며 교육과정으로 실현되기 쉽지 않다. 어린이집의 하루 일과에서 일어나는 사람들 간의 만남, 자연과의 만남에서 영유아 중심의 교육과정을 연결해내기 위해서는 학습 주체자로서의 영유아에 대한 경험적인 이해와 확신이 필요하다.

 한솔영유아교육과정은 영유아의 삶과 성장을 위해 영유아를 바라보는 시선 형성을 기본적인 것으로 전제한다. 단순하고 반복적인 놀이, 일상에서 드러나는 영유아의 소소한 자기 표현을 대하는 교사의 진지하고도 따뜻한 시선을 통해 영유아는 교육의 '대상'에서 '중심'으로 옮아가게 된다.

색깔 그림자를 관찰하는 영아.
영유아는 스스로 배우고 주도적으로 자신의 배움을 진전시켜 갈 수 있는 존재이다.

1세

또래, 형님, 동생들과 한자어의 모양과 뜻에 대하여 이야기를 나누는 유아.
영유아는 서로의 관계를 통해 적극적인 배움이 일어난다. 영유아는 스스로 배워 가는 학습주체자이다.

3, 4, 5세

2) 영유아의 일상적 삶과 경험을 통한 배움을 지원한다

  세상에 태어난지 짧게는 1년 미만, 길게는 5년 정도의 영유아에게는 처음 경험한 것들, 볼수록 새로운 것들이 세상 도처에 널려 있다. 엄마와 손잡고 걷는 보도블록의 패턴에 매료되기도 하고 몸을 동그랗게 마는 공벌레에 마음을 뺏기고 플라타너스 낙엽 밟을 때 들리는 소리에 감각을 맡기기도 한다. 세상에 나 있는 길들, 그 길에 늘어선 가게들, 그 모든 것이 새롭고 그것을 들여다보고 하나하나 천천히 알아 가는 일이 즐거우며 그만큼 유능해지는 '나'를 자랑스러워한다. 새로울 것이 많은 영유아는 느리게 꼬물거리면서, 하나씩 감각으로 확인하면서 그것을 알아 가게 된다.

  새로운 대상이 영유아의 주변 세계에만 있는 것은 아니다. 영유아는 자신의 몸이 자라고 손가락과 다리의 사용 범위와 기능이 정교화되는 것을 점차적으로 겪게 된다. 어느 날 갑자기 가능해지는 것이 아니라 영유아의 의지와 시도가 있어 가능한 일이다. 몸이 자라는 것처럼 내면의 나, 즉 '자아'가 자라고 다른 사람과의 관계 속에서 '자아'가 커지기도, 작아지기도 하는 내적 갈등을 겪으면서 내면이 성장하게 된다. 하루가 지나고 일주일이 지나고, 계절이 바뀌고, 시간이 변해가면서 옷차림·행동·생활 방식이 달라지는 것을 일상생활을 통해 알아 가게 된다.

  다시 말해, 영유아는 하루하루의 삶을 통해 자기 자신, 가족, 어린이집, 지역사회 기관과 공간 등을 만난다. 일상적 삶에서 만나는 모든 새로운 것들에 익숙해지고 이해와 개념이 수반되며 성장하면서 대처 능력이 생겨나게 된다. 영유아는 일상적 삶 속에서 스스로 관계를 맺고 지식을 구성해간다. 이러한 지식 구성의 과정은 영유아가 자신의 삶에 적응하기 위한 적극적인 시도이자 발달적 욕구이기도 하다.

  한솔어린이보육재단의 어린이집은 영유아를 위한 교육 공간이면서 동시에 친구, 교사 등의 어른, 자연과의 만남이 일어나는 공간이다. 서로 관계 맺으면서 배움이 일어나는 영유아의 삶을 위한 공간으로 존재한다. 생후 5년간의 발달은 삶을 위한 최소한의 기본을 갖추는 것에 집중되기 때문에 영유아의 일상적 삶과 교육이 통합되는 접근이 필요하다. 또한 '평생학습', '주도적 학습'과 함께 '자기 돌봄'이 요구되는 지식 고도화 사회에서는 영유아의 자아 정체성, 윤리성, 성찰적 사고와 태도, 관계 맺기와 돌봄 등을 광범위하게 포괄하는 교육 접근이 필요하므로 영유아의 삶과 깊이 관련될 수밖에 없다.

스위치 버튼을 누르며 불을 껐다 켰다를 반복하는 영아.
일상에서의 모든 사소한 환경이 영유아에게는 직접 확인하며 시도해 보고 싶은 배움의 대상이 된다.

1, 2세

산책길에서 우연하게 발견한 나무 열매를 들여다보는 유아.
공원 산책길에서 유아는 매일 변화하는 자연을 만난다.

4, 5세

3) 영유아의 흥미와 호기심에 집중한다

 영유아는 적극적인 탐색자이자 탐험가이다. 물리적 세계에 대한 부족한 지식을 상상력으로 채우면서 세상을 이해하고자 한다. 영유아가 일상적으로 만나는 세상은 새로운 것이 대부분으로, 이전에는 보이지 않았던 물리적 세계들이 성장·발달과 함께 하나씩 드러나 보이기 때문이다. 새로운 것에 대한 호기심과 흥미는 곧 학습자로서 '질문'의 과정이며 그것을 해결하기 위해 탐색 및 탐구하면서 나름의 방식으로 '발견'하고 '해결'하게 된다. 영유아는 이렇게 몰입하고 궁리하면서 일련의 질문-발견의 배움을 하게 되는데, 어른들도 어린

시절을 떠올려 보면 샘솟는 상상력과 함께 발견을 향한 탐험가의 여정을 일상에서 즐겁게 떠났던 기억이 있을 것이다.

　새로운 세계에 대한 흥미와 호기심은 영유아가 스스로 선택한 교육 내용이다. 영유아는 그것을 배우고 습득하기 위해 단순하지만 반복적인 실패와 성공 과정을 거치게 된다. 이러한 '시행착오'를 통해 습득한 경험적 지식[1]은 내면에 살아있는 지식으로 다른 유사한 상황에서 적용함으로써 축적 가능한 '역량'이기도 하다. 흥미와 호기심에서 비롯된 몰입과 발견의 힘은 대단하다. 팽이를 접거나 색물을 만들거나 하는 단순한 놀이를 몇 달간 지속하는 힘은 여기서 나온다. 몇 달간 반복적으로 놀이하면서 영유아는 정교하고도 다양한 결과물을 창조해 낸다. 긴 시간 동안의 성실함과 몰입의 내적 에너지, 시행착오를 통한 성공의 경험, 문제해결적 사고 등이 결합된 결과물이다.

　흥미와 호기심은 주관적인 경험이다. 흥미와 호기심은 발달적 특성에 따라 유발되기도 하지만 내면적인 욕구와 기질, 인생 초기의 경험, 그리고 지금, 현재 삶의 경험과 분위기에 따라 다양하게 나타난다. 영유아는 개별적인 특성에서 격차가 큰 존재로서 개별 영유아에 집중하는 것이 필요하다. 흥미와 호기심이 발현되고 문제해결을 통

---

1) 개별적 지식, 개인적 지식, 혹은 주관적 지식이라고도 한다. 감각적 경험으로 체득한 지식으로서 자신의 내면과의 관련이 높은 지식이다. 이러한 지식은 상황에 맞게 다양하게 활용 가능한 것으로 그 자체로 지식의 힘을 내포하게 된다.

해 발견하는 과정은 영유아 각자의 속도와 방식으로 일어난다. 그러므로 개별 영유아의 교육과정은 자신만의 트랙으로 이어진다.

 영유아를 바라보는 진지하고도 따뜻한 시선을 가진 교사는 영유아가 자신의 속도와 방식이 인정될 때 가장 잘 배우고 배움의 태도를 형성할 수 있다는 것을 영유아의 만남에서 실천할 수 있다. 채근하거나 서두르지 않고 영유아를 기다려줌으로써 인정과 지지의 메시지를 비언어적으로 전달하고 탐색과 탐구, 그리고 발견의 과정을 기대의 시선으로 함께 한다. 한솔어린이보육재단의 어린이집은 개별 영유아의 주관적 경험의 발자취에 근거하여 영유아를 이해하고 적절한 수준의 기대를 가진다.

자연물과 색의 섞임에 흥미를 가지고 있는 영아.
색의 종류와 양, 섞는 재료와 도구를 선택하여 원하는 방식으로 놀이를 이끌어가고 있다.

1세

미로놀이에 몰입하고 있는 유아.
한 명의 호기심으로 시작된 미로놀이는 어느새 또래 친구들에게 공통의 관심사가 되었다.

3세

4) 함께 나누고 협력하며 서로를 통한 배움을 지원한다

　영유아는 자라면서 다른 사람들과 그리고 자연과 관계 맺는 경험을 하게 된다. 세상에 대한 호기심의 확대가 경험의 확장으로 그리고 인식 및 개념의 심화, 확장으로 연결된다. 이것은 발달적으로 자연스러운 과정이기도 하지만 개별적인 영유아의 특성에 따라 다양한 방식과 형태로 드러난다. 어떤 영유아는 자연과의 만남이 깊이 이루어지기도 하고 또 어떤 영유아는 사회적 경험의 범위가 다른 영유아보다 중요하지 않을 수도 있다. 협력하며 함께 놀이하는 것은 모든 영유아에게 정답이 아닐 수 있으며 어떤 영유아에게는 목표지향적인 혼자놀이가 더 필요할 수 있다. 그러므로 모든 영유아가 같은 방식과 속도로 주변 세계와 교류할 필요는 없다.

　사회적 관계의 확장은 '나'의 확장에서 시작한다. 영유아의 사회적 관계에서도 또래 친구를 통해 배움을 확장하는 것을 종종 볼 수 있다. 또래와의 경험을 통해 생각과 관점이 달라지고 '나'를 넘어서 생각하는 기회를 가질 수 있다. 또한 교사나 성인의 지원을 통해 정서적 지지와 인지적인 자극을 받으면서 사고의 확장을 경험할 수 있다.

　모든 사회적 관계가 긍정적이기만 한 것은 아니며 나의 확장으로 이어지는 것도 아니다. 그럼에도 불구하고 협력을 통한 배움은 영유아의 발달과 성장을 자극하고 잠재력을 이끌어 내는 중요한 요인이다. 사람 사이에서 일어나는 모든 긍정적·부정적인 경험들이 배움과 성장의 재료가 되며 이는 거리를 두고 되돌아볼 수 있는 메타적 사고와도 연결된다. '협력하는 역량'이 중요한 시대지만 성인들에게도 쉽지 않은 것이 '협력'이다. 그러므로 영유아들이 배워야하는 부분은 '역량'보다는 '협력하는 태도'를 형성하는 것, 즉 관계의 어려움을 통해 좋은 것을 모델링하고 그렇지 않은 것을 경계 삼을 수 있는 '마음의 그릇'을 키우는 것이 목적이 되어야 할 것이다.

  한솔영유아교육과정은 더불어 살 수 있는 '마음의 그릇'이 영유아가 가진 잠재력의 크기라고 본다. 즉각적으로 확인하고 평가 가능한 수치에 제한되지 않고, 행동으로 검증되는 범위로 한정하여 영유아를 바라보지 않는다. 사고하고 느끼고 표현하면서, 게다가 함께 더불어 지내는 것을 즐거워하며 만족감을 표현하는 영유아의 내면을 바라보는 교사의 시선을 통해 영유아의 내면적 성장을 지원한다.

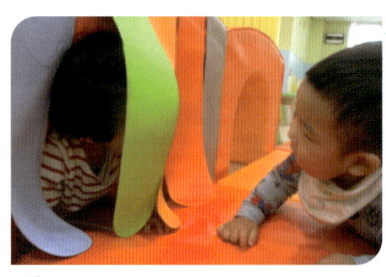

또래와 함께 까꿍놀이를 하는 영아. 까꿍놀이를 하면서 또래와 감정을 나누고 만족감을 느낀다. 상대의 반응을 기대하는 까꿍놀이를 통해 영아는 대상영속성을 습득해간다.

0세

또래와 함께 길을 만들고 공굴리기 실험을 하는 유아.
유아들은 서로 아이디어를 나누며 자연스럽게 협력과 배움이 일어난다.

3세

5) 융통적이고 변화에 적응적인 교육과정을 운영한다

한솔영유아교육과정에서는 영유아를 학습 주체자로 보고 영유아의 개별적이고 주관적인 호기심과 흥미, 그리고 문제해결과 발견의 과정을 따라간다. 영유아의 호기심과 상상이 어디로 향할지는 개별 영유아에게 달려있다. 스스로 배우는 존재로서 개별 영유아의 학습 의도와 과정이 곧 교육내용이다. 그러므로 개별 영유아에 따라 일어나는 놀이, 그리고 놀이를 통한 배움은 일목요연하지 않으며 변화무쌍하고 예측하기 어렵다.

교사는 영유아의 발현적인 놀이 흐름을 읽으면서 반응적인 교육과정을 구성한다. 영유아가 보여 주는 호기심과 상상에 대하여 진심어린 관심과 기대를 가지고 바라보는 것, 그리고 영유아가 보여 주는 교육내용의 방향에 조금씩 반응하면서 호기심과 상상이 변화되고 구체화되는 것을 도와줄 수 있다. 영유아가 놀이를 통해 만들어 가는 교육과정에 교사가 필요한 수준의 물리적·인지적·사회적·정서적 지원을 통해 놀이 중심 교육과정을 완성할 수 있다. 영유아가 교육의 중심에 있는 학습 주체자라면 교사는 지원적인 교육과정을 생성하는 또 다른 위치의 행위 주체자이다.

한솔영유아교육과정은 고정된 교육내용을 제시하지 않는다. 영유아의 호기심과 상상의 범위만큼 다양하고 다채로운 교육내용의 흐름이 발생하게 될 것이기 때문이다. 영유아의 연령을 포함하여 발달적 특성과 일반적 흥미에 따른 기대, 계절이나 시기적 특성, 이벤트나 특별한 날 등 교사의 경험적인 전문성을 근거로 교육과정을 예상하여 구성할 뿐이다. 이렇게 예상된 교육과정은 영유아가 보여 주는 실행에 따라 유연하고 융통적으로 수정되고 변화된다. 이와 같이 변화에 적응하는 교육과정을 생성함으로써 발현적인 교육과정을 실현해 간다.

화산폭발 실험을 하는 유아.
공룡놀이에서 화산폭발로 흥미가 확장되었다.
교사는 유아의 흥미를 따라가면서 바깥 공간을 활용해 실험을 할 수 있도록 공간과 자료를 지원하였다.

3, 4세

캐릭터를 이용하여 놀이하는 유아.
상업적 콘텐츠에 대한 깊은 관심을 유아들의 문화로 인정하면서 규칙형성, 소통하기, 상상의 이야기 짓기 등 교육적인 배움이 일어나도록 지원하였다.

5세

2. 환경 구성을 통해 교육가치를 실천한다

어린이집 환경은 영유아가 등원부터 귀가까지의 삶과 놀이가 일어나는 생활공간이자 교육공간이다. 영유아에게 영향을 주는 인적·물리적 환경 전체를 포함하는 교육환경으로 실내·실외공간을 포괄한다. 한솔영유아교육과정에서 환경은 영유아가 하루를 지내는 생활 공간이고 놀이를 통한 탐구가 일어나는 물리적 공간이면서 존중과 지원의 분위기를 느낄 수 있는 정서적 공간이기도 하고 조화롭고 아름다운 공간으로 이루어진 심미적 공간이기도 하다. 이와 같은 특징은 다음과 같은 구체적인 공간으로 구성되도록 한다.

1) 교실은 안전감과 행복감을 주는 공간이다

어린이집 교실은 영유아의 신체적 안전을 고려하여 설계한다. 바닥, 벽면 등은 친환경적 자료를 사용하고 교실과 화장실의 동선을 최소화하며 편안한 느낌을 주는 공간을 마련한다. 교실의 문, 창, 교구장 등 가구와 설비 구석구석 안전을 고려하여 섬세하게 관리하도록 한다. 어린이집의 실내 공간 중에서 영유아가 가장 오래 머무는 교실은 아늑하고 채광이 잘 되는 곳에 위치하도록 하며 창을 통해 시간의 변화, 날씨와 계절의 변화 등 외부 환경의 변화를 관찰하고 교실 안과 밖의 조화로움을 느낄 수 있도록 환경을 구성한다.

어린이집 교실은 신체적 안전뿐만 아니라 심리적으로 안전감을 주는 것이 필요하다. 특히 나이가 어린 영아, 인생에서 처음으로 가정을 벗어나 생활하게 된 영유아에게는 엄마와의 분리로 인한 정서적 어려움을 최대한 고려하여야 한다. 안전감과 편안한 분위기를 느낄 수 있는 공간으로 조성하고 영유아의 눈높이와 신체적 특성에 맞게 교실을 구성한다. 보호와 배려를 받는 공간으로서 편안함을 느낄 수 있도록 교실의 자료와 놀이감을 배치하며 영유아가 원활하게 이동할 수 있도록 동선을 고려하여 교구장과 책상 등을 배치한다.

안전감과 편안함을 주는 공간에서 영유아는 놀이한다. 즐겁게 놀이하다 보면 엄마와 다시 만날 수 있는 신뢰할 만한 공간으로서 어린이집이 영유아에게 받아들여지는 것이다. 개별적인 영유아가 자신이 원하는 놀이를 하고, 또래 친구를 만나고, 휴식과 잠을 자고, 간식과 식사를 하면서 하루를 행복하게 보낼 수 있는 환경을 조성한다.

채광이 좋은 교실은 자연의 빛과 변화를 느끼고 관찰할 수 있다. 넓은 창으로 오전, 오후로 달라지는 빛의 변화, 비와 눈이 오는 날씨를 관찰하고 달라지는 분위기를 느낄 수 있다. 밝고 아늑한 교실에서 편안한 느낌을 갖는다.

실내외가 연결되어 교실 안과 밖의 다양한 경험을 할 수 있도록 환경을 구성한다. 실외 공간은 안전하면서도, 적극적으로 신체적 도전을 시도해 볼 수 있는 공간으로 구성한다.

2) 호기심과 상상을 자극하는 공간으로 구성한다

 어린이집은 영유아가 생활하는 일상의 공간이다. 어린이집의 실내 공간과 바깥놀이 공간, 그리고 주변에 조성된 지역사회 공간에서 영유아는 호기심이 생기고 질문하며 상상하게 되는 대상이나 상황을 만난다. 그 대상이나 상황은 특별하거나 교육적으로 만들어진 자료일 필요는 없다. 영유아의 연령, 경험, 개별적 요구에 따라 개별 영유아의 내면에서 일어나는 것으로 일상적으로 경험했던 자료도 어느 날, 어느 순간 영유아에게 새로운 놀잇감으로 의미가 생길 수 있다. 특히 바깥놀이 공간 등 어린이집 외부 환경은 영유아의 호기심과 상상력을 일깨우고 행동과 몸짓으로 참여하면서 몰입하도록 하는 대상과 범위가 대단히 넓어진다. 영유아의 사고를 자극하기 위해서는 실내와 실외를 넘나들면서 영유아의 놀이로 연결되는 호기심과 상상의 내용과 대상을 교사가 이해하고 있을 필요가 있다.

 교사는 어린이집의 모든 공간에 영유아의 호기심과 상상을 자극하는 공간으로 생명력을 불어넣을 수 있어야 한다. 어린이집에는 그저 사람들이 지나가는 공간이나 활용의 여지가 없어 보이는 자투리 공간이 있다. 교사는 이런 공간을 호기심과 상상으로 가득한 영유아의 눈으로 보면서 새로운 의미를 부여하고 있다. 예를 들어 계단 아래 공간을 놀이공간으로 상상함으로써 영유아가 '지나가는 공간'에서 지나가다 잠시 멈춰 참여하는 '흥미로운 공간'으로, 여러 연령의 영유아가 '소통하는 공간'으로 그 공간의 가치를 살리고 의미를 변화시키는 사례들을 볼 수 있다.

 영유아의 호기심과 상상을 자극하는 공간에는 다양한 놀이자료들이 배치되거나 추가될 수 있다. 세상의 모든 사물, 자연물이 놀이자료가 될 수 있는데, 영유아의 눈과 손으로 새로운 가치와 의미가 부여되는 놀잇감으로 재탄생되기 때문이다. 어떤 사물이든 호기심과 상상을 통해 다른 존재로 생명력을 부여받을 수 있다. 교사는 영유아의 사고, 느낌, 정서에 공감하면서 호기심과 상상의 눈과 마음으로 영유아에게 필요하거나 적절한 사물들을 제공한다. 교사의 적절한 지원은 영유아로 하여금 자신의 놀이를 이끌어가기 위한 영감을 주고 탐구를 통해 발견에 이르도록 하는 원천이 된다.

어둡고 천장이 낮은 자투리 공간을 활용하여 라이트테이블과 빛을 탐색할 수 있는 자료를 배치하였다. 좁은 공간에서 영유아는 아늑함을 느끼고 호기심과 상상을 펼칠 수 있다.

작은 창문을 활용하여 호기심과 탐색을 유도하는 공간으로 조성하고 있다.
날씨와 시간에 따라 달라지는 빛으로 인해 교실 바닥에는 다른 색 그림자가 만들어진다.

3) 주도적으로 놀이하는 공간으로 구성한다

　교실은 영유아의 놀이가 일어나는 배움의 공간이다. 놀이는 내적 동기로 유발되어 주도적으로 이끌어가는 것으로 교실에서는 여러 개 주제의 놀이가 발생하면서 자연스럽게 놀이 공간이 조성된다. 예를 들어, 빛놀이, 블록놀이, 상상놀이, 그리기놀이, 자연놀이, 몸놀이, 게임놀이, 책놀이, 점토놀이, 디지털놀이 등 영유아의 놀이는 공간과 놀이자료를 포괄하여 구성된다. 이 놀이는 영유아가 주도하면서 공간과 놀이자료가 달라지기도 하고 놀이가 합쳐지거나 다른 놀이로 분리되기도 한다. 한솔어린이보육재단은 영유아의 놀이 변화에 따라 공간과 자료 등 놀이영역이 어떻게 변화되어 가는지, 그 사이에서 교사는 영유아의 놀이를 지원하기 위해 무엇을 하는지에 대한 다양한 사례를 축적하고 있다. 이 사례는 4부와 사례집에서 참고할 수 있다.

　영유아의 놀이를 위한 자료에는 세상의 모든 사물이 해당되므로 책상, 의자, 교구장 같은 교실 가구나 설비까지 놀이에 활용될 수 있다. 예를 들어, 책상은 하나를 붙여 자동차로, 여러 개를 붙여 침대나 평상을 만들기도 하고 책상을 뒤집어 연결하여 배나 캠핑카로 활용한다. 놀이는 융통적이고 변화무쌍한 것으로 놀이 상황이 달라지면서 놀이하는 공간과 자료가 달라지고 그것을 활용하는 방식도 달라진다. 교사는 이러한 변화에 열려 있어야 놀이의 변화에 따른 영유아의 사고와 개념의 변화를 파악할 수 있다. 이 때 교사는 놀이하고 있는 영유아의 호기심을 유지하고 상상을 촉진함으로써 놀이가 심화 및 확장되도록 도와줄 수 있다.

교구 정리를 위한 플라스틱 박스는 영아들에 의해 전혀 다른 용도로 재탄생 되었다.
영아는 플라스틱 박스를 자신만의 공간으로 상상하고 있으며 저마다의 방식으로 비슷하지만 다르게 활용하며 놀이하고 있다.

교실에서 의자는 앉기 용도의 비품이지만 유아의 시선에서 의자는 움직이는 놀잇감이다.
놀잇감 보관함이 되기도 하고, 쇼핑카트가 되기도 하고, 의자들이 모이면 기차가 되기도 한다.

4) 가치와 철학이 드러나는 공간으로 존재한다

한솔영유아교육과정에서는 '만남과 소통', '협력적 탐구', '생태적 감수성'의 가치를 지향하고 있다. 이 가치는 어린이집에서의 놀이와 생활 등 일상적 상황에서 실천되는 것으로 한솔영유아교육과정 교육철학의 핵심이기도 하다. 이 가치는 공간을 초월하여 어느 곳에서든 실천이 가능하고 어린이집의 상황에 따라 다양한 형태의 공간으로 구체화될 수 있다.

  교육 가치는 지향점으로써 사고와 태도의 핵심을 이루는 것이지만 어린이집에서는 이 가치와 관련된 공간을 어린이집의 상황과 맥락에 맞게 조성함으로써 가치 실현의 방향성을 구체화하고 강조한다. 이러한 공간은 고정적으로 마련될 수도 있지만, 다양한 공간으로 확장하여 구성할 수도 있고 분리 또는 중첩되게 구성할 수도 있다. '도담뜰', '도담별', '도담솔'의 교육 가치가 드러나고 실현되는 공간을 살펴보면 다음과 같다.

도담뜰: 만남과 소통의 가치를 경험하는 공간

  도담뜰은 '어린이들이 아무 탈 없이 잘 놀며 건강하게 자라는 공간'이라는 의미를 지니고 있는 순수 우리말이다. 영유아와 부모를 위한 공용공간으로 여러 연령층을 위한 책이 구비되어 있다. 이 공간은 책을 통해 새로운 세상을 만나고 영유아, 부모, 교사들 간의 만남과 휴식이 있는 여유와 힐링 공간이기도 하다. 도담뜰은 책을 포함하여 다양한 관계와 소통이 일어나는 '연결의 장'으로서 '만남과 소통'의 가치를 구현하는 공간으로 볼 수 있다.

도담별(아틀리에): 협력적 탐구의 가치를 경험하는 공간

아틀리에는 영유아들이 다양한 자료와 만나 실험과 탐색을 하고 친구들, 교사들과 함께 어울리며 문제를 풀어가기에 적절한 공간이다. 영유아들이 함께 탐구하는 행위가 일어나는 곳이므로 활용 가능한 자료들이 비치되어 있거나 필요한 자료들을 영유아가 어린이집 외부에서 가져올 수 있다. 아틀리에는 특정 공간에 한정짓기보다 '협력적 탐구'의 가치가 집중적으로 구현될 수 있는 곳이라면 어디서든 아틀리에 정신을 살려 도담별의 가치를 경험할 수 있다. 교실의 한 영역이나 복도, 현관, 계단 아래 공간도 가능하다. 그러므로 어린이집의 상황과 교사의 구현 방식에 따라 다양한 공간들이 도담별의 가치를 드러내는 공간으로 탄생 가능하다.

도담솔: 생태적 감수성의 가치를 경험하는 공간

 영유아는 실외 놀이터, 텃밭, 인근 공원 등 주로 어린이집 외부 공간에서 자연을 만난다. 그러나 어린이집 내에서도 찾아보며 자연을 만날 수 있는 공간들이 많이 있다. 예를 들어 교실의 창문, 중정, 나무데크와 같이 실내와 실외가 연결되는 공간에서 자연을 만날 수 있으며 교실과 복도 같은 실내에서도 자연물을 배치함으로써 자연을 만나는 것이 가능하다. '생태적 감수성'을 경험할 수 있는 모든 곳에서 도담솔의 가치를 잘 드러낼 수 있다. 그러므로 어린이집의 외적 환경과 교사의 생태적 감수성에 따라 도담솔의 가치는 다양하게 구현 가능하다.

3. 관찰과 기록을 통해 영유아의 성장과 발달을 지원한다

 관찰과 기록은 발현적 교육과정에서 중요하게 다루어지는 교육접근으로 다음과 같은 의미를 담고 있다. 본 장에서는 관찰과 기록의 교육적 의미를 중심으로 한솔영유아교육과정의 특징을 보여 주고 있으며, 구체적인 관찰과 기록 방법은 3부에서 제시하기로 한다.

1) 영유아 한 명 한 명을 들여다본다

 바람이 지나가면 흔적이 없듯이, 계절이 몇 번 바뀌면 우리 주변의 나무도 소리 없이 자라듯이 영유아는 어느 새 훌쩍 커버렸다는 것을 알게 되는 순간이 종종 있다. 분명 그 순간에 영유아는 어떤 말과 행동, 표현을 한 것 같지만 너무나 일상적이고 순식간에 지나가버린 시간들이 되어 버린다. 영유아가 자라나는 매일의 모든 순간은 그저 바람이 지나가듯 흘러가 버린다. 한솔영유아교육과정은 이와 같은 일상적이고 사소한 순간을 포착하고 교육의 출발점으로 삼는다. 영유아는 온 몸으로 진지하게 놀이에 몰두한다. 대근육과 함께 작고 섬세한 손가락 근육을 움직이고 알고 있는 지식을 활용하면서 상황을 이해 및 해결하려 고군분투한다. 영유아에게 몰입의 즐거움이나 발견의 순간 등 의미 있는 놀이가 진행되고 있을 때 그 얼굴은 기쁨으로 빛나고 짧은 탄성으로 유능감을 드러낸다. 그런데 일반적으로 많은 어른들은 놀이하고 있는 영유아의 진지함을 그저 귀엽고 사소한 몸짓으로 여긴다. 교사의 전문성은 바람처럼 지나가는 일상적 순간들을 놓치지 않고 들여다보며 귀를 기울이는 능력과 태도에 있다.

같은 연령의 영유아도 흥미, 경험, 발달, 가정의 문화 등 많은 부분에서 차이가 있으므로 영유아가 자신에게 적합한 방식으로 놀이할 수 있도록 지원하기 위해서는 개별 영유아에 대한 이해가 필수적이다. 교사는 말과 표정, 언어 등 구체적인 행동과 이미지 표현을 들여다보지만 영유아 개인의 성장과 발달을 이해하는 것은 생각만큼 쉬운 일이 아니다.

교사의 관점에서 벗어나서 그 아이의 상황과 관점에 맞추어 가는 것이 관찰과 기록이다. '아이니까 그렇지… ', '저 나이 때 애기들은 그래'와 같이 당연하게 바라보거나 '발달적으로 … 해서 이런 거야' 같은 섣부른 판단을 하지 않으면서 '있는 그대로' 바라보는 것이다. '왜 저 행동을 반복해서 할까?', '오늘은 블록을 다른 방식으로 가지고 노는구나!', '저런 면이 있었구나!', '이 자료로 어떻게 놀이할까?' 같이 관찰과 기록은 영유아에 대한 관심과 기대로 시작하는 교육적인 접근이다.

2) 기록은 영유아의 성장과 배움의 과정이다

한솔영유아교육과정은 영유아 내면에서 일어나는 탐색과 발견의 과정에 집중한다. 영유아가 무엇을 알아야 하는지에 대한 지식의 위계나 체계보다 스스로의 시도와 시행착오를 거쳐 의미를 스스로 찾아가는 과정에 집중한다. 지식의 위계와 체계라는 외부 세계에 스스로 길을 내어 가는 한걸음 한걸음을 함께 하는 것이다. 천천히 천천히 자기 속도로 거대한 지식 세계 안으로 걸어가는 '주체적인 존재들'을 지지하고 격려하는 페이스메이커로서 교사는 영유아의 발걸음을 들여다보면서 기록한다.

영유아의 일련의 말과 행동, 일상 속에서 일어나는 사건, 놀이 중 일어나는 짧은 에피소드 또는 중장기 프로젝트의 과정 등 다양한 상황에서 보이는 모습을 기록할 수 있다. 10~20분 사이에 보이는 영유아 한 명의 행동에 대한 짧은 기록을 하기도 하고 2~3개월씩 유지되는 놀이를 지속적으로 관찰하면서 놀이에 참여하는 영유아를 기록하기도 한다. 여러 명의 영유아의 놀이 상황에서는 서로에게 영향을 주고받는 역동성을 관찰할 수 있다. 이 과정은 사진, 동영상, 녹음, 글, 그림 등의 기록으로 그 발자국이 남게 된다.

어떤 발자국은 일정 기간에 이루어진 연속적인 경험으로서 영유아의 놀이 기록이 축적된다. 영유아의 발자국은 지식의 위계와 체계를 향한 반듯한 길에 있지 않다. 그러므로 이 기록들을 다시 들여다보면서 놀이 상황과 맥락의 흐름을 통해 놀이에 대한 이해가 깊어질 수 있다. 영유아의 놀이가 일목요연하게 진행되는 것이 아니므로 관찰을 하는 당시 상황에서는 의식하지 못했던 영유아의 개별적인 특징들이 긴 흐름을 갖고 남긴 기록을 다시 되돌아보는 과정에서 발견되거나 재정리될 수도 있다. 자신의 호기심과 영감, 느낌을 향해 영유아가 직관적으로 걸어간 그 길을 교사가 기록 돌아보기를 통해 어떤 경험과 과정을 겪었는지, 영유아가 어떤 배움과 성장을 이루고 있는지를 이해하게 된다.

관찰과 기록을 통해 영유아의 발달과 성장에 대한 이해에 도달하기 위해서는 관련 참고자료를 활용하거나 동료교사와의 협의와 같은 전문적 도움이 필요하다. 한솔영유아교육과정에서는 관찰과 기록을 통해 영유아에 대하여 깊이 이해할 수 있는 사례가 축적되고 있으며 교사의 전문적 지원을 위한 자료로 활용될 수 있다.

0세

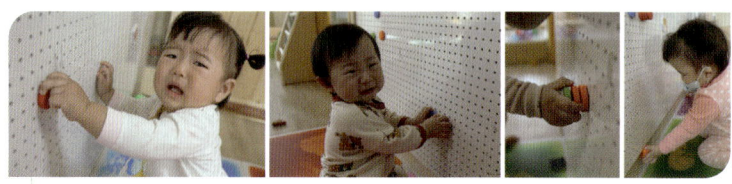

타공판의 강력자석을 떼어내려는 다양한 시도 끝에
타공판 밖으로 밀어내어 떼어내는 방법을 터득한 과정에 대한 기록

4, 5세

아기 달팽이를 보살피는 과정에서 생기는 문제와 궁금증을 스스로 해결해
가면서 달팽이 잘 키우는 방법을 안내하고 공유하는 과정을 기록

3) 관찰과 기록을 통해 놀이 지원 방향을 탐색한다

 영유아의 놀이를 이해하면, 즉 놀이를 통해 영유아가 무엇을 하고 있고 무엇하기를 원하는지 알게 되면 교사는 그 부분을 지원할 수 있다. 영유아가 잘 놀이하고 있다고 판단되면 관찰만으로 충분히 긍정

적인 메시지를 전달할 수 있다. 인정과 지지가 필요하다고 판단되면 비언어적인 의사소통만으로도 강력한 인정의 메시지를 보낼 수 있다. 어떤 자료가 있으면 놀이가 심화될 것으로 판단될 때, 자료를 제공할 수도 있고 영유아가 스스로 선택할 때까지 기다려 줄 수도 있다. 필요하면 놀이를 위한 시·공간을 넓게 고려할 수도 있다. 영유아의 놀이를 관찰하면서 교사는 매순간 이러한 전문적 판단을 하게 되는데, 놀이를 통한 영유아의 경험을 이해하는 것이 판단의 근거가 된다. 영유아와 함께 만들어 가는 교육과정에서 교사는 필요하다고 판단되는 지원을 가볍게 건드려 줄 수 있다.

교사는 영유아의 놀이에 대한 교육적 기대를 가진다. 왜냐하면 교육적 기대가 관찰과 기록의 내용을 평가하면서 놀이를 예상하고 지원계획을 세우는 바탕이자 방향성이기 때문이다. 매년 3월이면 대략적인 기대의 방향과 범위를 가지고 새로운 영유아를 맞이한다. 영유아의 놀이가 펼쳐지면 그 길을 따라가면서 교육적 기대를 가진다. 즉 영유아가 만들어 가는 교육과정을 교사는 교육적 기대라는 관점으로 관찰 및 기록하고 지원 방향을 판단한다. 교육적 기대가 적절한 것도 필요하지만 영유아의 놀이흐름을 보면서 기대를 수정하는 것도 필요하다.

때때로 교사는 놀이에 대해 어떤 기대를 할지 방향성을 찾지 못하고 혼란스러워진다. 이 때 교사는 관찰을 통해 남긴 기록을 보다 적극적으로 활용하는 것이 필요하다. 기록을 통해 놀이 흐름을 돌아보면서 교사는 영유아 놀이의 방향성에 대한 기대를 수정할 수 있다. 또한 놀이에서 이해가 안 되는 상황이 있다면 놀이 흐름 돌아보기를 통해 이 상황이 발생한 맥락을 발견하는 데 도움을 받을 수 있다. 영유아의 의도와 함께 놀이 상황이 이해된다면 교사는 어떤 지원을 할지 판단할 수 있게 되는 것이다.

1세

창문을 통해서 주변환경을 들여다본다는 사실 발견

창문에 있던 부착물을 제거하고 의자 위치 변경
창문을 통해 바깥놀이하는 형님들과 소통
부모님들의 편지도 더해지며 창문을 통해 소통을 이어감

3세

 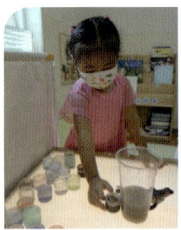

자신이 좋아하는 바다동물의 색을 만드는 유아

라이트테이블 지원
색물과 빛의 혼합 탐색하며 몰입 색물과 바다 생물 모형이 가지고 있는 여러 가지 색을 비교하고 매칭하는 모습

4) 기록을 통해 교육에 대한 관점을 성장시켜 간다

 영유아의 '일상적 삶과 경험이 곧 교육'인 시대에 교사의 교육적 관점은 가르침 그 자체가 될 정도로 중요하다. 교사의 관점은 말, 표정, 행동, 교육적 선택 등에 매 순간 드러나고 영유아는 자신의 '선생님'을 항상 보고 있기 때문이다. 교사의 가치와 철학으로 만들어진 교실의 분위기에서 영유아는 부지불식간에 '선생님'을 배우고 따라 하게 된다. 주도적인 배움을 스스로 이끌어가는 존재로서 영유아를 바라보는 교사는 자연스럽게 '존중'과 '배려'가 넘치는 교실 분위기를 조성하고 존중과 배려의 태도로 유아를 만날 것이다. 존중과 배려를 가르치지 않아도 영유아들은 자연스럽게 체득해 가게 된다.

 교사의 교육적 관점에 따라 교육적 기대와 지원 계획 등 구체적인 교육 행위가 달라진다. 예를 들어, 영유아가 주도적인 학습자로서 무언가 스스로 할 수 있다는 기대를 가진 교사는 자율적으로 영유아가 시도해 보도록 지원하겠지만 교사가 이미 정해놓은 방법 안에서 무언가 할 것을 기대하는 교사는 지원 방법이 다를 것이다.

 그런데 교사의 교육적 관점 역시 고정된 것이 아니라 변화하는 것이다. 관찰과 기록 자료로 놀이를 되돌아보면서 영유아의 능력과 성장에 대한 종합적 이해를 한다면 교사는 영유아에 대한 시선의 변화와 함께 교육적 관점이 달라질 수 있다. 뿐만 아니라 놀이 흐름 되돌아보기를 통해 교사 자신에 대한 되돌아보기도 일어난다. 예를 들어, 사진 기록은 시간을 당시의 상황으로 돌려놓는 힘이 있는 매체로, 영유아가 놀이했던 일련의 사진 기록을 되돌아보면 당시 교사의 관점을 지금의 관점으로 다시 생각해 볼 수 있다.

 되돌아보기를 통해 교사로서 자신의 부족함을 직면하고 인정하는 것은 교사의 전문적 성장을 위해 꼭 필요한 과정이다. 예를 들어 관리와 통제에 익숙한 교사는 영유아에게 주도권을 주는 것이 힘들고 불안할 수 있다. 관리와 통제 위주의 자신을 인정하고 영유아에게 주도권을 주는 교육의 가치를 확신할 때 교육적 대안을 교사 스스로 찾을 수 있는 것이다. 교사의 '성찰성'은 영유아와 더불어 '배움'을 이어가는 것을 가능하게 한다. 한솔영유아교육과정에서는 교사의 성장이 곧 개인의 성장으로 통합되는 성찰적인 삶에 대한 기대를 개별 교사에게 가져 본다.

4, 5세

산책길 바닥에 떨어진 봄꽃에서 유아의 봄꽃에 대한 관심이 시작되었다.
"교실에 전시도 하고 동생들에게 보여 주자."
전지에 주워온 꽃잎을 붙이고 '사랑나눔반봄꽃백과'를 만들기로 결정한다.
그런데... 백과 이야기를 시작하면서부터 봄꽃에 대한 유아의 관심은 줄어들었다.
이유가 궁금한 교사는 유아들에게 물어보기로 했다.
"너희들은 왜 동생들에게 봄꽃을 알려주고 싶은 거니?"
"동생들은 많이 걷지 못해서 봄꽃을 많이 못보고
글씨도 모르니까 봄꽃책도 못 보잖아요.
그래서 알려 주고 싶어요."
"어린이집 주변에 이렇게 예쁜 꽃이 많은 것을 알려 주고 싶어요."

유아가 제안한 '봄꽃백과' 만들기가 왜 지루한 일이 되었을지 교사는 돌이켜 생각해 보았다. 유아와의 이야기 나누기를 통해 교사는 백과 만들기가 중요한 것이 아니라 동생들에게 봄꽃의 아름다움을 전하고 나누고 싶은 마음이 더 중요한 것임을 알았다. 당시에 교사는 '봄꽃백과' 만들기 활동이 지식을 학습하는 좋은 과정이라는 교육적 기대를 하고 있었음을 성찰했다. 유아의 의도에 맞지 않은 교사의 교육적 기대로 인해 배움의 주도권을 온전히 유아에게 넘겨주지 못하고 있는 자신을 돌아봄으로써 교사는 유아의 의도에 한걸음 다가가는 교육적 선택을 할 수 있었다.
교사가 변화하자 이후 유아들도 교사의 기대 이상으로 놀이에 몰입하는 모습을 보여 주며 많은 토론을 거쳐 봄꽃을 소개하는 동영상을 보여 주는 것으로 의견을 모으게 되었다.

4. 교육목표와 연계된 배움영역을 설정하고 지원한다

 한솔영유아교육과정에서는 '모든 어린이들이 전인발달을 기초로 행복하게 살아갈 힘이 있는 어린이로 자라도록 돕는다'는 교육목적 및 교육목표와 연계하여 영유아의 학습 및 성장을 포괄하는 배움영역을 설정한다. 배움영역의 내용이 무엇이며 한솔영유아교육과정 및 특성화프로그램과 어떻게 연계되는지를 살펴보고자 한다.

1) 교육목표와 연계된 배움영역

 배움영역은 영유아가 놀이를 통해 일어나는 학습, 발달과 성장의 내용을 의미하며 한솔영유아교육과정의 교육목적 및 교육목표를 어느 정도 달성했는지를 살펴볼 수 있는 일련의 교육적 기대 혹은 기준이라 할 수 있다. 배움영역은 신체건강, 창의탐구, 언어문해, 사회정서, 자연환경, 예술경험, 글로벌커뮤니케이션 영역으로 각 영역별 학습 및 성장 내용(교육적 기대)은 다음 표와 같다.

배움영역의 내용

배움영역	학습 및 성장 내용(교육적 기대)
신체건강	• 대·소근육의 신체 활동과 기능 성장하기 • 건강하고 즐거운 신체놀이하기 • 건강 및 안전을 위한 기본생활습관 형성하기
창의탐구	• 수학적 탐구력 형성 및 수학적 지식·기술 습득하기 • 과학적 관찰 및 태도 형성하고 과학적 지식·기술 습득하기 • 논리적·창의적으로 문제 해결하기
언어문해	• 책과 이야기에 관심 가지고 상상하는 것 즐기기 • 적절하게 말하고 들으면서 의사소통에 참여하기 • 읽기·쓰기에 관심 가지고 기초적인 읽기·쓰기에 참여하기
사회정서	• 자신에 대한 긍정적 인식과 타인에 대한 관심 가지기 • 타인과 긍정적인 관계를 형성하고 사회적 문제 해결에 참여하기 • 주변 사회에 관심 가지고 사회적 협의에 대해 알기
자연환경	• 주변의 동식물에 관심 가지기 • 자연환경에 관심 가지기 • 생명과 자연에 대한 존중과 공존하는 태도 형성하기
예술경험	• 나와 자연, 주변환경에서 예술적 요소 인식하기 • 미술·음악·움직임과 춤 등 예술적 이미지를 감상하고 아름다움 즐기기 • 미술·음악·움직임과 춤 등 예술적 이미지를 표현하기
글로벌커뮤니케이션	• 문화 다양성 감수성 가지기 • 글로벌 시민의식 가지기 • 글로벌커뮤니케이션 기술 습득하기

7개 배움영역은 한솔영유아교육과정의 교육목표와 연계되어 설정되었다. 한솔영유아교육과정의 교육목표를 중심으로 7개 배움영역의 연계를 살펴보면 다음 표와 같다.

한솔영유아교육과정의 교육목표와 배움영역의 연계

교육목표	세부목표	배움영역
몸과 마음이 건강한 어린이로 자란다	건강의 소중함을 알고 올바른 생활 습관과 태도를 가진다.	신체건강
	자신에 대하여 긍정적으로 인식하고 존중한다.	사회정서
	자신의 감정과 욕구에 귀를 기울이고 적절하게 표현한다.	사회정서
	나와 주변에서 아름다움을 느끼고 즐긴다.	예술경험
소통하고 협력하는 어린이로 자란다	다른 사람과 더불어 지내는 즐거움을 알고, 이해하고 배려하는 태도를 가진다.	사회정서
	주변환경 이해와 소통에 필요한 기초적인 문해력과 수해력을 가진다.	언어문해 창의탐구
	문화 다양성을 존중하고 다른 나라의 문화와 언어에 관심을 가진다.	글로벌커뮤니케이션/언어문해
	자연환경에 대한 관심과 생태적 감수성을 가진다.	자연환경
주체적이고 창의적으로 사고하는 어린이로 자란다	호기심과 탐구하는 태도를 가진다.	창의탐구
	자신의 생각과 행동에 책임감을 가진다.	사회정서
	새롭고 다양한 방향으로 생각하는 것을 즐거워한다.	창의탐구
	창의적으로 문제를 해결하는 기본적 사고 능력을 가진다.	창의탐구

2) 배움영역을 지원하는 특성화프로그램

 어린이집의 특성화프로그램이란, 기본적으로 진행하는 교육과정 외에 영유아의 배움을 지원하기 위해 추가적으로 제공되는 교육 프로그램을 말한다. 구체적인 배움 내용이 담겨 있는 교재·교구를 활용한 오후 특성화 교육을 통해 교사는 영유아의 발달 및 배움을 효율적으로 지원할 수 있다. 또한, 특성화프로그램은 교사와 영유아 간 일대일 상호작용으로 진행되는 부분이 있으므로 개별 영유아의 발달 및 배움을 직접 들여다보고 체계적으로 운영함으로써 교육적 효과를 높일 수 있다.

 한솔영유아교육과정에서는 배움영역 중 언어문해, 창의탐구, 글로벌커뮤니케이션 영역을 지원하는 특성화프로그램으로 문해력, 수해력, 창의사고력, 글로벌커뮤니케이션능력 프로그램을 제안하고 있다. 각 프로그램의 교육적 개요와 발달 및 배움의 중요 요소를 설명하면 다음과 같다.

문해력이란 글을 읽고 이해하는 능력을 의미하며 단순히 글자를 읽는 것을 넘어, 글의 내용을 정확하게 파악하고 그 의미를 추론하며 비판적으로 사고하는 능력을 포함한다. 영유아 시기의 문해력은 주로 문해력의 기초를 다지는 과정으로, 문자와 언어에 대한 흥미와 이해를 키우는 것이 핵심이다. 이 시기 문해력 발달에 중요한 요소는 언어 능력, 책 읽기 경험, 환경적 문자 인식, 놀이와 상호작용, 쓰기 시도 등이 있다.

수해력이란 수학적 사고 능력을 의미한다. 수해력은 숫자와 수학 개념을 이해하고, 간단한 계산을 하며, 문제를 해결하는 능력의 기초가 되는 중요한 능력이다. 영유아의 수해력은 일상적인 경험과 놀이를 통해 자연스럽게 발달하게 되며, 수해력 발달에 중요한 요소는 숫자 인식, 수세기, 비교와 분류, 패턴 인식, 기초 연산, 공간적 인식 등이 있다.

창의사고력이란 새롭고 독창적인 방식으로 문제를 해결하거나 아이디어를 생각해내는 능력을 의미한다. 창의사고력은 영유아가 세상을 탐구하고, 상상력과 호기심을 바탕으로 다양한 가능성을 모색하며, 기존의 틀에서 벗어나 새로운 방식으로 사고하는 능력을 포함한다. 영유아기 창의사고력은 미래의 문제 해결 능력과 혁신적인 사고의 기초를 형성하는 중요한 과정이다. 영유아의 창의사고력 발달에 중요한 요소는 상상력, 문제 해결 능력, 유연한 사고, 호기심과 탐구심, 자유로운 표현, 협력과 소통 등이다.

글로벌커뮤니케이션 능력이란 영유아가 다양한 문화적 배경을 가진 사람들과 소통할 수 있는 기초 능력을 의미한다. 글로벌커뮤니케이션 능력에는 언어 능력뿐만 아니라 타인의 관점과 문화를 이해하고 존중하는 태도, 그리고 다문화 환경에서의 상호작용 능력이 포함된다. 영유아기 글로벌커뮤니케이션 능력은 어린 시절부터 시작되는 문화적 다양성에 대한 인식과 이해를 바탕으로 형성되며, 영유아의 글로벌커뮤니케이션 능력 발달에 중요한 요소는 다양한 언어에 대한 노출, 문화적 인식과 존중, 비언어적 의사소통, 공감 능력, 협력과 협동, 열린 태도와 호기심 등이다.

5. 교육공동체인 부모와 긴밀하게 협력한다

영유아의 부모는 자녀의 성장과 발달을 중심으로 어린이집과 공동의 목적으로 모인 교육공동체이다. 같은 방향을 보면서 자녀의 성장에 동참하는 교육기관으로서 부모와 긴밀하게 협력하는 것이 매우 중요하다.

1) 현대사회 부모의 이미지를 이해한다

 현대 사회에서는 부모에 대한 전통적인 역할과 기대가 여전히 존재하지만, 사회의 변화와 함께 부모의 역할에 대한 인식이 새롭게 형성되어 가고 있다. 부모들은 직장과 가정 사이에서 균형을 맞추려 노력하고 있고, 아버지들도 육아와 가사에 적극적으로 참여하는 경우가 많아졌다. 자녀의 개별적인 필요와 성격에 맞춰 양육 방식을 조정하려 하며 이로 인해 교육과 훈육의 방법이 다양화되고, 자녀의 특성에 맞춘 맞춤형 양육이 강조되고 있다. 자녀의 정서적, 심리적 복지에 대한 관심도 커져서 자녀의 감정과 정서적 필요를 이해하고 지원하려는 노력을 기울이고 있다.

 이처럼 현대 사회의 부모는 전통적인 역할과 기대에서 벗어나 더 유연하고, 개인화되며, 다양한 도전에 직면한 복잡한 모습으로 변화하고 있다. 자기중심의 삶을 소중하게 여기는 부모를 이해하고 개별적인 부모의 요구에 더욱 민감하게 대처하는 태도와 교육이 필요하며 이미지를 통한 정보탐색을 더욱 선호하는 부모의 성향을 고려하여 소통 방법을 채택할 수 있다.
 변화되어가는 부모의 이미지를 이해하는 것은 부모와 협력하는 매우 효과적인 방법이며, 부모와 협력하는 것은 교육공동체로서 영유아의 성장과 발달에 긍정적인 영향을 미치게 될 것이다.

2) 부모는 영유아의 첫 번째 교사이다

영유아의 교육에서 절대적인 영향을 미치는 존재는 부모이다. 영유아는 생물학적으로 부모의 유전자를 물려 받았으며 기질적 성향을 가지고 태어난다. 생후 약 3년간의 부모-자녀 관계는 정서적 기저를 형성하는 데 큰 영향을 미치게 된다. 영유아기 가정에서의 경험을 통해 자신이 속한 사회 문화에서 요구하는 기본적인 태도를 습득하고 성격, 지능, 창의력, 도덕성 및 사회성 등 모든 발달의 기초를 형성하게 된다.

부모는 자기 방식대로 자녀를 사랑하고 최선을 다해 키우지만 인생에서 가장 바쁜 시기에 얻게 된 자녀를 키우는 것이 힘들고 버겁기만 할 수 있다. 특히 맞벌이거나 주변의 지원을 받을 수 없는 가정, 경제적 어려움에 처한 부모, 심리적·가정적 위기를 겪고 있는 가정에서는 자녀의 마음을 헤아리면서 자녀가 원하는 방식의 사랑을 주는 것이 쉽지 않을 수 있다. 혹은 자녀 교육을 중심에 두고 부모 노릇을 다하지만 양육에서의 좌절감을 깊이 느낄 수도 있다. 그러다보면 절대적인 영향력을 미치는 시기에 부모는 아쉽게 그 시기를 놓쳐버릴 수도 있다. 부모가 신뢰하고 선택한 어린이집은 영유아의 첫 번째 교사로서 부모가 자녀 교육에 긍정적인 영향을 미칠 수 있도록 부모를 지원하고 돕는 것이 필요하다. 때로는 자녀교육에 대한 부모의 요구와 어린이집의 영유아 교육 가치가 일치하지 않는 경우도 있다. 부모의 요구는 영유아 교육 방향에 맞춰 조율이 필요할 수도 있고 양립의 가능성을 찾을 수도 있다. 어느 한 쪽으로 치우치지 않으면서 한솔영유아교육과정의 교육 가치를 견고히 지켜나가는 지혜와 노력이 필요할 것이다.

3) 부모와 교사는 영유아를 위한 파트너이다

 어린이집은 다양한 방식으로 부모와 소통하고 협력하며 관계를 맺어 나가고 있다. 부모들이 입학 전 교육기관의 운영방침과 교육철학을 이해할 수 있도록 하는 '신입 부모 오리엔테이션', 부모가 직접 참여하여 의견을 제안하는 '어린이집 운영위원회', 부모와 자녀가 함께 참여하여 자녀가 어린이집에서 어떻게 생활하며 배움과 성장을 이루어가고 있는지를 경험하는 '부모 참여 수업' 등을 운영하고 있다.

 여러 상황과 장면에서 부모를 어린이집에 초대함으로써 교육 가치와 실천에 대한 이해를 높일 수 있다. 어린이집 교육에 대한 이해를 기초로 교육 방향을 존중할 때 부모는 어린이집의 적극적인 조력자가 될 수 있는 것이다. 부모와 교사가 자녀 교육의 진정한 파트너가 될 때, 영유아의 성장·발달과 함께 잠재력을 키워갈 수 있으며 이후 영유아의 건강하고 행복한 삶을 기대할 수 있다.

 유형별, 시기별 부모소통의 종류와 예시는 다음과 같다.

유형별 부모소통의 종류

형태	종류
지면	가정통신문, 알림장, 소책자, 게시판
전화 및 온라인 매체	문자메시지, SNS, 스마트알림장, 홈페이지, 카페, 블로그
수시 면담	영유아의 특성이나 가정의 배경을 고려한 비정기적인 의사소통
정기 면담	영유아의 부모와 연 2회 이상 개별 면담
집단 모임	소모임, 간담회, 부모 참여 행사, 부모교육
부모 만족도 조사	어린이집 운영 전반에 대한 만족도 조사

🌱 부모 간담회

🌱 부모 소모임

🌱 영상채널 및 QR코드를 활용한 부모소통

🌱 소책자 활용한 부모소통

부모소통 관련 연중 계획 수립의 예시

월	행사 및 참여	건강·영양·안전교육
3월	• 신입원아 적응 프로그램 • 1차 운영위원회	건강교육(미세먼지)
4월	• 1학기 부모 개별 면담 • 부모 교육(1)	영양교육(식생활)
5월	• 어린이날 & 어버이날 행사	건강교육(건강관리)
6월	• 부모 참여 수업(1)	영양교육(식품알레르기)
7월	• 물놀이 도우미	건강교육(냉방병)
8월	• 2차 운영위원회	건강교육(물놀이안전)
9월	• 2학기 연령별 간담회	영양교육(식품영양표시)
10월	• 부모 참여 행사(체험활동)	건강교육(환절기건강)
11월	• 3차 운영위원회 • 2학기 부모 개별 면담 • 부모 교육(2)	영양교육(노로바이러스)
12월	• 부모 참여 수업(2) • 부모 만족도 설문조사	건강교육(독감예방)
1월	• 엄마 아빠가 들려주는 이야기	영양교육(캠페인)
2월	• 4차 운영위원회 • 부모 오리엔테이션(신학기)	영양교육(식품보관)

II.
한솔영유아교육과정의 운영원리

 영유아를 온전한 인격체로서 존중하고 영유아가 자신의 잠재력과 가능성을 발휘하여 배우며 행복하게 살아갈 힘이 있는 사람으로 성장하도록 돕기 위해서 한솔영유아교육과정은 영유아 존중, 통합적 접근, 놀이&프로젝트 기반 경험, 관계 중심, 협력 학습의 다섯 가지 원리에 따라 교육을 실천한다.

1. 영유아 존중

 한솔영유아교육과정에서는 어린이에 대한 이미지를 매우 중요시 여기고 있다. 1부에서 언급한 것처럼 어린이에 대한 이미지를 기존의 수동적이고 보호해야 하는 대상으로 바라보기보다 강하고 풍요로운 잠재력을 가지고 있으며 탐구심과 호기심, 학습을 능동적으로 주도할 능력이 있는 존재라고 보고 있다. 그렇기에 교사는 다음의 내용을 유념하여 교육과정을 운영할 수 있도록 한다.

- 영유아가 자신의 삶과 배움의 주체임을 인정하여 자발적으로 참여하도록 격려한다.
- 영유아의 흥미와 호기심에 귀 기울이고 반응적으로 상호작용한다.
- 영유아의 발달 단계와 성향을 고려하되 미래 가능성을 겨냥하여 지원한다.

2. 통합적 접근

한솔영유아교육과정은 영유아의 관점에서 의미 있고 통합적인 경험이 되도록 운영한다. 기존에는 월별로 정해져 있는 하나의 주제 안에서 언어, 수, 과학, 음률 등 모든 영역들을 나누어 골고루 놀이하면 통합적으로 발달이 이루어졌다고 평가하였다. 하나의 주제를 중심으로 다양한 영역활동을 통해 통합을 지향하게 되면 표면상 매끄럽게 모든 교과가 통합이 되는 것처럼 보이기는 하지만 교사가 통합의 주체가 되기 쉬우며 영유아들의 시각에서, 그들의 삶 속에서는 통합이 이루어지지 않을 수 있다. 통합적 접근으로 교육과정을 운영하기 위해 교사는 다음의 내용을 유의하며 영유아의 놀이를 지원해야 한다.

- 모든 현상에 통합적으로 접근하여 알아 가는 영유아의 성향에 맞춰 경험을 제공한다.
- 모든 발달 영역(신체, 정서, 인지, 언어, 사회성) 및 배움영역을 분리시켜 지원하기 보다 각 영역이 영향을 주고받으며 자연스럽게 균형을 이루는 전인적 발달을 목표로 한다.

3. 놀이&프로젝트 기반 경험

　한솔영유아교육과정에서 추구하는 교육은 놀이 & 프로젝트를 기반으로 이루어져야 한다. 영유아들은 매 순간 다양한 방향의 미시적 발달을 추구하는 본유적 성향을 지닌 역동적 존재이다. 그렇기에 이 과정에서 교사가 영유아의 잠재적 발달 및 가능성에 주목하고 영유아의 행동에 민감하고 적절한 반응을 해주어야만 충분한 성장과 발달이 일어날 수 있다. 교사는 관찰 및 기록을 통해 영유아의 요구를 세심히 관찰할 수 있으며 관찰 내용을 분석하여 배움을 지원함으로써 영유아의 경험을 연속적이고 깊이 있게 연결해 줄 수 있다. 이를 바탕으로 운영하는 교사는 다음의 내용을 유념해야 한다.

- 영유아가 몰입하는 놀이의 지원을 통해 배움과 발달이 일어나도록 한다.
- 영유아 놀이의 연속성을 최대한 보장하여 프로젝트로 발전시켜 심도 있는 발견 학습이 일어나도록 지원한다.

4. 관계 중심

　한솔영유아교육과정은 관계 중심의 교육과정이다. 교사가 영유아의 반응에 민감하고 적절한 대응을 함으로써 교사·영유아 상호 간의 이해를 끊임없이 조정해 나가는 진정한 의미의 상호작용이 배움의 필수 요건임을 강조하고 있다. 영유아와 영유아, 영유아와 교사,

영유아와 환경 사이에서 진정한 의미의 관계 맺기를 중요시 여기며 능동적인 상호작용이 일어날 수 있도록 운영하고자 한다.

- 영유아가 주변의 인적 및 물리적 환경과 적극적인 관계 맺기를 하며 배우도록 한다.
- 구성원 간 다양한 경험을 통해 상호존중과 신뢰가 바탕이 된 관계 형성을 지원한다.

5. 협력 학습

한솔영유아교육과정은 협력 학습을 추구한다. 영유아에게 함께놀이의 정형을 준비하여 하나의 활동형태로 제공하거나 결과적 효율을 추구하는 협동과는 다르게, 한솔영유아교육과정에서 추구하는 협력은 영유아들이 주도하는 놀이 안에서 찾아볼 수 있다. 과정 중 일어나는 배움에 주목하여 협력을 보았을 때, 영유아들은 함께 어울려 놀이하는 가운데 상호작용하면서 서로에게 배움의 존재가 되고 있었다. 협력과 나눔의 순간에 집단 지성, 집단 학습이 일어나면서 개인의 삶과 배움을 윤택하게 해주는 긍정적 책략이 될 수 있음을 보게 된다. 이와 같이 협력의 가치를 존중하며 실천하는 교사는 다음의 내용을 참고하여 교육과정을 운영할 수 있다.

- 영유아가 더불어 생각하고 토론하며 생각과 창의성을 키우는 경험을 갖도록 한다.
- 소집단 협력 학습 경험을 통해 '함께하기'의 즐거움을 느끼고 소양을 함양하도록 한다.
- 구성원 모두가 협력의 가치를 인식하고 배움공동체를 이루도록 한다.

3부
교사의
전문성

Ⅰ. 교사의 역할 ·· 88
    1. 놀이와 배움의 지원
    2. 기록과 활용
    3. 수평적 협의 문화 조성

Ⅱ. 교사의 성장 ·· 144
    1. 현직교육을 통한 전문가적인 성장
    2. 연구모임을 통한 연구자적인 성장
    3. 현장 사례 공유를 통한 학습공동체로의 성장

I.
교사의
역할

1. 놀이와 배움의 지원

　한솔어린이보육재단 어린이집의 영유아는 하루 중, 상당히 긴 시간을 어린이집에서 놀이하며 생활한다. 영유아 스스로 놀이를 시작하고 자신의 방식과 속도로 놀이를 이끌어 갈 수 있도록 환경과 분위기를 조성하는 것은 영유아가 '스스로 성장해 가는 힘'이 있는 존재이기 때문이다. 그렇다면 교사는 무엇을 해야 하는 것일까? 교사는 '스스로'하는 영유아에게 힘이 되고 '성장해 가는 과정'을 함께 하면서 이를 통한 영유아의 '배움' 내용을 알아야 한다. 놀이와 배움을 지원하는 교사의 역할을 영아(1세, SKY어린이집)와 유아(5세, 현대제철당진어린이집)의 사례로 나누어 함께 살펴보고자 한다.[1]

---

[1] 전체사례 별첨 126-142p

1) 놀이 이해하기

(1) 놀이에 대한 교사의 태도

　영유아에게는 어린이집에 있는 모든 순간이 놀이시간이다. 호기심 어린 눈으로 매순간, 작은 것 하나 놓치지 않는 영유아에게는 삶이 곧 놀이이다. 물론 돌아다니며 주변을 두리번거리는 시간도 있고 마음과 사고가 온전히 몰입하게 되는 시간도 있다. 지나치며 본 것을 놀이에 반영해 보는 영유아의 모습을 교사가 관찰한 경험이 있다면 사소한 순간들조차 놀이의 연장임을 알 수 있다. 어린이집에 있는 동안, 영유아의 모든 시간은 삶, 놀이, 경험으로 교차되고 연결된다. 따라서 교사는 등하원 시간, 간식 및 식사시간, 낮잠시간, 화장실을 가거나 이동하는 등 전이시간에도 영유아를 습관적 혹은 형식적으로 만나지 않도록 유념해야 한다. 교사는 영유아의 놀이에 대하여 다음과 같은 관점과 태도를 갖출 필요가 있다.

놀이를 있는 그대로 보기

　영유아의 놀이는 단순하게 보인다. 그리고 다음날, 그 다음날… 놀이는 반복적으로 일어난다. 놀이에서 활용하는 인지적, 신체적 기술은 주로 영유아의 연령 혹은 경험 범위에 있다. 영유아에게 놀이는 새로움과 변화가 넘치는 것이지만 어른들에게 그렇게 보여지기는 어렵다. 그러므로 교사는 영유아 놀이의 특성과 의미에 대한 기본적인 관점을 명확하게 인식할 필요가 있다. 이런 점이 분명하지 않다면 영유아의 놀이 장면에서 많은 어른들이 그런 것처럼 '~하면서 놀고 있구나' 정도로 무심코 지나치게 될 가능성이 높다.

영유아의 놀이를 있는 그대로 본다는 것은 열린 마음과 기대로 놀이를 보는 것을 말한다. 또한 영유아 수준의 놀이가 대단하지도 색다르지도 않을 수 있지만 세상에 대한 수용과 표현으로서 개별 영유아에게 집중하는 과정인 것이다. 교사의 생각, 판단에서 벗어나서 영유아가 무엇을 생각하고 의도하고 있는지, 무엇을 어려워하고 있는지, 똑같이 반복되는 행동을 왜 저리도 골몰해서 하는지를 보는 것이다. 그러므로 교사는 섣부른 생각을 하거나 규정하지 않으면서 영유아가 이끄는 과정을 묵묵히 따라가는 것이 필요하다.

스스로 배우는 존재로서 존중과 신뢰하기

'놀이하면서 스스로 배우고 놀이하면서 자란다'는 영유아 중심·놀이 중심의 교육철학과 가치를 모르는 영유아 교사는 없을 것이다. 그럼에도 불구하고 영유아의 존재론적 의미와 능력에 대해 진정으로 공감하고 있는가에 대한 질문을 자신에게 던질 필요가 있다. 들어서 알고 배워서 획득한 생각이 아니라 경험으로 확인될 때 교사 자신의 확고부동한 교육철학이 되고 영유아 교사로서 매순간 교육적 판단과 언어, 행동으로 드러나게 된다. 스스로 성장하고자 하는 의지로 가득한 존재로서 영유아를 '신뢰'하는 것은 그 자체로 교사의 교육철학이며 교사의 말과 행동으로 영유아에게 존중감을 전달하게 된다.

교사는 매일 영유아의 유능함을 확인할 필요가 있다. 사소한 장면에서도 유능함을 발견할 수 있는 교사라면 다소 긍정적이지 못한 행동이 출현하거나 교사의 기대에 어긋나는 상황이 있더라도 상황과 형편에 흔들리지 않고 놀이 중심 교육을 충실하게 실현할 수 있을 것이다.

영아 놀이 이해 (1세)

이 사례에서 교사는 1세 영아의 놀이를 민감한 눈으로 지속적으로 관찰하고 있다. 생후 1년 남짓 영아들의 놀이에 관심을 가지고 그 내면의 의도 즉, '왜 이렇게 놀이할까?'라는 질문으로 영아의 놀이를 따라가고 있다.
교사는 이 관찰을 통해 영아의 끼적이기를 '의미 있는 표현'으로 바라보기 시작했다. 1세의 명확한 의도와 생각을 대면하게 된 경험으로 영아의 유능함을 또 한 번 확인하게 되었다.

유아 놀이 이해 (5세)

형님들이 물려준 '나팔꽃이 피었습니다'라는 책과 함께 나팔꽃 심기를 시작으로, 교사는 '유아들이 나팔꽃의 성장과 변화에 어떻게 반응할까?'라는 관심을 가지고 5세 유아들이 나팔꽃과 만나 가는 과정을 주의 깊게 관찰하고 있다.
나팔꽃의 미세한 변화를 섬세한 눈으로 알아차리면서 나팔꽃이 자라남에 따라 애정과 진심이 커져가는 5세 유아의 마음을 교사는 깊이 공감하고 있다. 자연의 순환과정과 마찬가지로 교육과정의 순환을 5세 유아와 함께 겪으면서 교사는 '더불어 배우고 배움을 독려하는 존재'로 유아를 인식하게 되었다.

(2) 놀이 관찰하기

 영유아의 놀이는 감각 및 정서적 느낌, 인지적 사고와 같은 영유아의 내면이 현상적으로 드러나는 '표현의 과정'이다. 그러므로 놀이는 영유아가 창조한 '자신만의 세계'이고 '주관적인 이야기'이다. 영유아기에 '자신만의 세계'를 충분히 창조할 때 다른 사람이 만든 세계 혹은 규격화된 외부세계를 이해할 수 있는 준비가 된다.

 교사는 놀이를 통해 영유아의 생각, 감정과 느낌, 욕구 등을 이해하고 공감할 수 있다. 영유아의 반복적인 행동을 보면서 '무엇을 하는 걸까?' 궁금해 하는 교사는 영유아의 의도와 사고를 공감하기 위해 영유아의 표정과 행동의 변화, 짧은 감탄사나 의성어, 상상과 감정을 실은 노래와 말 등 미세하지만 정직한 표현에 집중한다. 놀이 관찰은 교사로서 교육적 접근의 출발이며 놀이 지원을 위한 전 과정에서 이루어지는 기본적인 교육 행위이다.

영아 놀이 관찰 (1세)

학기 초 시작된 끼적이기가 지속되는 것을 보며 교사는 영아가 끼적이며 무엇을 하는지 궁금해졌다.

● 영아의 요청에 그려준 동물그림

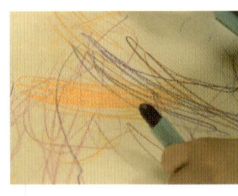
● 끼적이면서 동물그림을 숨김

● 동물그림을 숨긴 영아: "꼭꼭! 어디 있지?"

- 교사는 "꼭꼭! 어디 있지?"라는 영아의 말에서 '꼭꼭 숨어라' 노래를 불러줄 때 '꼭꼭'이라 말했던 것을 기억했고 이전의 노래 경험이 끼적임과 연결되고 있음을 알았다. 영아는 끼적이기를 하면서 '꼭꼭 숨어라' 놀이를 하고 있었던 것이다.
- 교사는 '힘껏' 끼적이는 영아의 행동과 말에 집중했다.
  동물 그림을 색칠해 주는 것인가 하는 생각이 들었지만 말없이 관찰하였다.

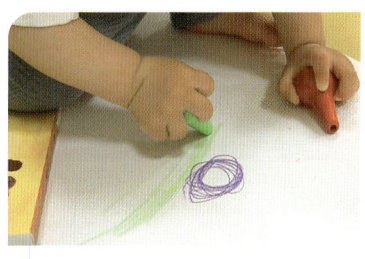
연두색으로는 숨겨지지 않는 보라색 동그라미

보라색으로는 숨겨지는 동그라미

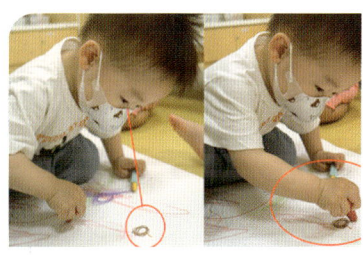
갈색 동그라미 위에 빨간색으로 끼적이며 숨겨지는지 확인하는 영아

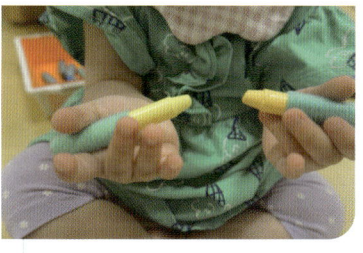
노란 계열의 채도가 다른 크레용을 살피는 모습

- 여러 가지 색을 사용하여 시행착오를 거치면서 밝고 가벼운 색은 짙거나 어두운 색으로 덮을 수 있지만 그 반대로는 가려지지 않는다는 것을 알아 가고 있다.
- 교사는 의도대로 되지 않을 때 "뭐지?", "안돼!"라는 영아의 짧은 탄식, 인상 찌푸리기, 성공했을 때 "꼭꼭"하며 성공감 가득한 짧은 말 등에 집중하였다.
- 끼적임이 가진 의도에 집중해왔던 교사는 영아가 선택하는 크레용 하나에도 의도가 있음을 알았다. 색의 구분과 비교를 넘어서 색의 미세한 차이를 느끼면서 더 많은 색감을 만나오고 있음을 알았다.

유아 놀이 관찰 (5세)

3월 신학기. 작년 형님들이 만들어 물려준 '나팔꽃이 피었습니다' 책을 교실 한 곳에 배치하고 유아의 반응을 관찰하였다. 5세반으로 진급한 유아들은 교실을 탐색하다가 책을 발견하고 함께 읽었다.

형님들이 물려준 나팔꽃 책 중에서

"따뜻한 봄이 오면 나팔꽃을 심어.
그러면 하트 모양 싹이 나올 거야.
잎이 많이 자라면 지지대를
계속 세워줘야 해. 왜냐하면
나팔꽃은 덩굴 식물이기 때문이야.
나팔꽃이 피고 바로 져도 걱정 마.
다음날 다시 필거야.
동생들아 잘 키워줘."

● 형님들이 물려준 책

유아들은 봄이 되면 나팔꽃을 심을 기대감을 가지고 봄을 기다렸다.
식목일을 맞이하여 나팔꽃 심기가 시작되었다. …<중략>…

보송: 키가 다 달라
태양: 여기 털이 있어. 털이 있어야
      살아 남는 건가?
민준: 까슬까슬해.
민호: 이건 엉덩이 모양이 아니네.
      손바닥 모양 같기도 하고.

● 새싹을 보는 유아와 그림표현

교사: 진짜 피었어!!! 와 대단해!
      여기 쪼그만 데서 어떻게 큰
      꽃이 피었지?
      얘들아 나팔꽃이 진짜로
      오므라들었어!!!

● 처음 핀 나팔꽃

- 교사는 책을 비치한 후 유아들이 어떤 반응을 할지 기대감을 갖고 지켜보았다.
- 교사는 나팔꽃을 본 유아의 생각, 감정, 느낌 등을 공감하며 함께 감동하였다.
- 교사는 싹의 모양에 대한 유아의 다양한 표현(하트, 엉덩이, 손바닥, 나비 등)을 관찰하였다. 이러한 표현이 '나팔꽃이 피었습니다' 책에서 출발하고 있음을 교사는 관찰을 통해 이해하게 되었다.

지지대를 세운 모습

민준: 이거 어때? 빨대. 테이프로 연결하자.
시완: 예쁜 말 해줘야 되니까 이걸로 하트 만들어서 붙이는 거 어때?
태양: 이렇게 성처럼 만들면 나팔꽃이 이쪽으로 해서 성처럼 올라가겠지?

지지대를 올라가는 나팔꽃

나팔꽃이 지지대를
타고 올라가기 시작한 날

교사: 얘들아 빨리 와봐!!
지원: 벌써 여기까지 올라 왔어!
태양: 아, 이제 지지대 좀더 높이 세워줘야 되겠는데.
건희: 그런데 여기 잎은 왜 노래졌지?
태양: 교실에 햇빛이 없어서 그런가 봐.
      선생님~ 저기 햇빛 있어요.
      빨리 밖에 내놓아요.

- '나팔꽃이 피었습니다' 책으로 지지대가 필요함을 알고 있었던 유아들. 교사는 자료탐색과 지지대를 만드는 과정까지 스스로 해결해 갈 수 있도록 하였다.
- 나팔꽃을 처음 키워본 교사는 흥분을 감출 수 없었다. 유아를 관찰하면서 교사 역시 공감과 감동을 느끼고 있었으며 지지대를 타고 올라가는 나팔꽃을 보는 유아들의 얼굴에서 자신감을 관찰하였다.
- '잎이 노래졌다'는 언어적 표현을 통해 유아의 걱정을 파악한 교사는 유아와 함께 검색을 하면서 방안을 찾도록 하였다.
- 교사는 나팔꽃을 키우는 과정에서 유아의 생각, 지식, 행동, 사회정서적 변화를 관찰하였다.

(3) 놀이와 배움 연결하기

영유아가 오감각을 통해 세상과 마주치는 모든 행위를 '경험'이라고 하며 이것은 놀이로 통합된다. 영유아는 경험과 놀이 같은 직접적 접촉을 통해 지식을 직관적으로 습득한다. 영유아의 감각기관으로 경험 정보가 들어올 때 사고와 느낌이 결합될 수밖에 없다. 그러므로 경험을 통해 직접적으로 습득된 지식은 영유아 '자신'과 연결되고 그것을 체득된 지식이라고 한다. 그러므로 영유아에게 놀이와 경험은 배움의 방식이자 곧 배움의 내용이다.

놀이와 경험 그 자체가 배움이므로 영유아의 경험 내용을 국가수준 교육과정 영역과 연결하여 설명하곤 한다. 한솔영유아교육과정에서는 한걸음 나아가서 교사가 배움의 내용을 구체적으로 인식하는 것이 필요하다고 본다. 놀이와 경험에서 이루어진 개별 영유아의 배움이 무엇인지를 알 때 교사는 개별 영유아에게 필요한 배움이나 학습 등의 요구에 맞는 교육적 지원이 가능할 것이다.

영아 놀이와 배움 연결 (1세)

배움영역	배움의 내용
신체건강	• 소근육을 조절하며 크레용을 쥐고 움직인다. • 의도에 따라 강도를 달리하며 끼적인다.
창의탐구	• 자신의 대상영속성 개념을 끼적이기와 연결하여 놀이한다. • 여러 가지 색으로 숨기기를 시도하고 탐색한다.
언어문해	• 자신이 원하는 것을 교사에게 요청한다. • 생각과 상황에 맞는 짧은 단어를 말한다. • 보라색, 초록색 등 색깔과 관련된 어휘를 사용한다.
사회정서	• 시행착오의 과정에서 좌절과 의욕 등 다양한 감정을 느끼고 표현한다. • 성공감과 유능감을 통해 긍정적인 자아감을 느낀다 • 상호호혜적인 관계로서 또래를 인식한다.
예술경험	• 도구를 사용하여 자신의 생각과 느낌을 표현한다. • 여러 가지 다른 색을 경험하고 채도에 따라 달라지는 색의 미세한 차이를 느낀다. • 선과 모양의 기초적인 형태를 그린다.

유아 놀이와 배움 연결 (5세)

배움영역	배움의 내용
신체건강	• 나팔꽃을 관찰하는 과정을 통해 시각, 촉각 등 다양한 감각이 발달한다. • 씨앗을 심고 관찰 및 보살피는 과정에서 눈, 손 협응력이 발달한다.
창의탐구	• 빨대의 속성을 활용하여 지지대를 세움으로써 문제를 해결한다. • 필요한 길이만큼 빨대를 연결하고 적당한 간격을 두고 세우는 과정에서 측정과 비교를 경험한다. • 싹과 꽃이 얼마나 피었는가를 살펴보면서 수를 세고 수의 속성을 인식한다. • 나팔꽃의 성장과정을 들여다보면서 관찰하는 능력을 키운다. • 식물의 성장을 위해 필요한 요소가 무엇인지를 경험으로 인식한다.
언어문해	• 나팔꽃과 관련된 자신의 느낌, 생각, 경험을 적절한 낱말과 문장으로 말한다. • 그림과 글자로 구성된 '나팔꽃이 피었습니다' 책을 읽고 내용을 이해한다. • 정보전달과 의미를 공유하는 매체로서 책에 대한 이해를 넓히고 책을 활용할 줄 안다.
사회정서	• 다른 생명체를 보살피는 과정에서 기쁨과 뿌듯함 등 다양한 감정과 정서를 느낀다. • 문제해결 과정에서 자기 결정과 자기 주도를 경험함으로써 자아감이 발달한다. • 혼자서는 해결이 어려운 상황을 함께 경험하고 해결하는 협력의 과정을 통해 사회관계에 대한 인식과 능력이 향상된다. • 어린이집을 나와 우리를 위한 공간으로 인식하고 활용할 줄 안다.
자연환경	• 씨앗에서 자라나 다시 씨앗을 남기는 자연 순환을 경험한다 • 생명체의 성장을 겪으면서 생명에 대한 경외심과 아름다움을 느낀다. • 식물의 성장을 위한 자연의 원리를 안다. • 나팔꽃을 통해 우리의 삶과 자연과의 상호의존적 관계를 경험한다.
예술경험	• 자연에서 색, 모양 등을 탐색하며 아름다움을 경험한다. • 새싹에 대한 생각과 느낌을 그림으로 표현한다.

2) 놀이 지원을 위한 물리적 환경

(1) 자료의 지원

교사는 영유아를 관찰하면서 놀이를 풍부하게 할 수 있는 다양한 자료를 지원한다. 생활주변의 여러 가지 사물, 다양한 재질과 용도의 재활용품, 꽃, 나무, 곤충 등의 자연물, 디지털 기기 등 우리 주변의 모든 것이 놀이를 위한 자료가 될 수 있다. 이러한 자료들을 가지고 놀이에 풍부하게 활용하기도 하고 교사들은 전혀 예상하지 못한 방식으로 그 자료의 특성을 활용한 놀이를 함으로써 그 자료의 용도를 창조하기도 한다.

교사가 관찰을 통해 필요하다고 판단하거나 놀이를 자극할 수 있을 것으로 예상되는 자료를 제공할 수도 있고 일정한 공간에 배치해 줄 수도 있다. 또한 영유아가 놀이하는 중에, 또는 놀이 후 회상하면서 필요한 자료를 요청하기도 하고 가정에서 발견한 자료를 가져와서 놀이에 활용하기도 한다. 교사가 자료를 제공할 때는 놀이방향에 대한 기대나 의도를 가지기보다는 영유아가 새로운 자료에 어떻게 반응하고 활용하는지를 지켜보는 태도가 필요하다.

(2) 공간의 지원

교실 공간은 고정된 곳이 아니다. 영유아의 놀이에 따라 새롭게 구성하거나 확대하고 축소하는 등 융통성 있게 변화하는 곳이다. 영유아의 생활 공간이기도 하므로 기본적인 안정감이 있는 공간이면서도 창조적인 탐색과 변화가 가능한 공간이다. 필요한 경우 유희실과 같은 실내 다른 공간과의 연결 등 자율적으로 공간을 활용할 수 있다. 또한 실내외 전체 공간을 놀이와 연결하고 다양하게 활용하려는 노력이 필요하다. 예컨대 실내에서의 자동차놀이를 바깥놀이에서 할 수 있으며 공간에 따라 놀이 경험은 달라지게 될 것이다. 또한 어린이집 인근의 공원과 숲, 도로 등 지역사회 공간 역시 교사가 놀이 지원을 위해 제공할 수 있는 범위에 포함된다. 어린이집 텃밭에서 관찰하는 곤충 외에 더 많은 종류의 곤충을 발견하도록 기대할 때 교사는 영유아와 함께 인근 공원으로 산책을 나갈 수 있다.

(3) 시간의 지원

실내와 실외 놀이는 충분히 제공되어야 한다. 하루일과 중 놀이 시간은 우선적으로 편성 및 운영해야 하는 시간이다. 영유아에게 의미 있는 배움이 일어나고 있다고 판단될 때 계획한 놀이시간을 융통성 있게 연장할 수도 있다. 물론 교사의 전문적 판단에 근거하여 어떤 배움이 일어나고 있는지를 알고, 중단되지 않고 연결되는 배움의 내용에 대한 기대가 있어야 한다.

유아의 경우, 놀이를 지원하기 위해 대집단활동으로 연결할 수 있다. 예컨대, 놀이에서 나타난 '과녁'의 특성을 교사가 대집단 게임활동으로 연결하여 경험하도록 함으로써 자신들의 놀이를 다른 각도에서 살펴보고 놀이를 지속하게 되는 아이디어를 얻는다.

영아 놀이 지원 (1세)

구분	지원 내용
자료	• 기존에 제공한 자료는 12색과 24색 크레용이었으나 영아가 선택하는 크레용 하나에도 의도가 있음을 알게 된 교사는 채도 탐색이 지속되기를 기대하면서 36색 파스넷을 지원
공간	• 끼적이기 공간 마련 • 파스넷을 추가하면서 공간 확장 • 끼적이기 놀이에 영아들이 더 많이 참여하면서 교구장 등을 이동하여 공간 확보
시간	• 원하는 만큼 충분히 끼적이기 놀이를 할 수 있도록 지원

유아 놀이 지원 (5세)

구분	지원 내용
자료	• 나팔꽃이 피었습니다' 책을 일정한 공간에 미리 비치 • 안내 푯말 제작 자료 지원
공간	• 창문을 통해 교실 밖의 나팔꽃을 관찰할 수 있도록 공간 마련 • 장마로 인해 나팔꽃이 뽑혀서 날아갈 것을 걱정하는 유아들을 위해 나팔꽃을 교실로 들여옴 • 잎이 노래진 나팔꽃 화분을 유아와 함께 햇빛이 잘 드는 장소로 이동
시간	• 대집단 활동(이야기 나누기) 시간을 마련. 유아들과 함께 노랗게 변한 잎의 원인을 파악하는 시간을 가짐

3) 놀이 지원 및 확장을 위한 상호작용

(1) 인정 및 지지하기

 인정 및 지지하기는 영유아의 놀이를 웃으면서 바라보거나 미소를 지어보이고 어깨를 두드리는 등의 비언어적인 상호작용과 '우와! 정말 높이 쌓았네!' 같은 짧은 언어적 상호작용이 해당되며 공감과 격려의 메시지를 담고 있다. 영유아의 놀이를 인정하고 지지하는 데 많은 말이 필요한 것은 아니다. 짧은 지지의 말뿐만 아니라 비언어적 상호작용은 영유아에게 대단히 전달력이 강한 자극이 된다.

 자신의 놀이에 대한 교사의 관심 어린 시선이나 곁에서 지지해 주고 있다는 것으로도 영유아는 정서적 안정감을 느낀다. 또한 현재 영유아가 하고 있는 놀이가 가치가 있다고 느끼게 되고 존중받는 느낌을 받게 된다. 영유아가 놀이를 지속하거나 새로운 놀이를 시도할 수 있도록 영향력을 전달하는 상호작용이다.

(2) 제안하기

 제안하기는 영유아가 주도적으로 할 수 있는 놀이를 고민하고 영유아의 속도나 관심, 흥미, 안전 사항 등에 맞추어 방안을 찾거나 여러 가지 방안 중에서 선택할 수 있도록 하는 것을 말한다. 좀 더 도전적인 제안을 통해 현재의 놀이를 촉진하고자 도움을 주는 상호작용이지만 선택과 결정은 영유아가 하는 것이므로 영유아가 어떻게 생각하는지를 살펴보고 존중하는 것이 필요하다. 무엇보다 교사는 놀이의 공간, 자료의 종류와 활용 등의 측면을 잘 이해하고 지원을 위한 충분한 고민이 선행되어야 한다.

(3) 질문하기

교사는 질문하기를 통해 영유아의 생각을 확장하고 새로운 생각을 하거나 문제를 해결하는 방안을 스스로 찾도록 도울 수 있다. 교사는 관찰을 하면서 영유아가 인지적, 사회적으로 새로운 사고를 할 수 있는 순간을 파악하여 질문한다. 만약, 미니카를 굴리면서 무작정 내 자동차가 더 멀리 갔다라고 주장하는 유아들에게 '어떻게 하면 미니카가 더 멀리 갔는지를 알 수 있을까?'라는 질문을 하는 것만으로도 유아로 하여금 생각할 계기를 마련해준다. 약간의 힌트나 도움을 제공하면서 영유아가 스스로 방안을 찾을 수 있도록 지원할 수 있다.

(4) 함께 놀이하기

교사는 영유아와 함께 놀이할 수 있다. 또한 함께 놀이하면서 관찰할 수 있다. 관찰이 영유아와 일정한 거리를 두어야만 하는 것은 아니다. 교사는 종종 영유아와 함께 놀이하면서 놀이를 더 잘 이해하게 된다. 또한 영유아는 교사와 함께 하는 놀이에서 더욱 친밀감을 느끼게 되고 자신의 놀이를 더욱 의미 있게 받아들인다. 영유아와 함께 놀이하는 교사는 영유아가 주도하는 놀이에 소극적으로 참여하도록 한다. 놀이하면서 아이디어를 내거나 질문하거나 언어적 자극을 시도할 수는 있지만 놀이의 흐름을 결정하는 것은 영유아이다. 함께 놀이하면서 교사는 적절한 행동이나 대화를 보여줌으로써 풍부한 놀이를 지속하도록 도울 수 있다.

영아 상호작용 지원 (1세)

구분	상호작용 지원 내용
인정 및 지지하기	• 관심을 가지고 끼적이기 놀이를 바라보기 • 영아가 크레용을 집다가 눈이 마주치면 미소와 함께 '보라색' 같이 짧은 말로 반응 • 새로운 자료(파스넷)에 관심을 가지면 고개를 끄덕이며 반응 • 채도가 다른 노랑색을 살피는 영아를 긍정과 지지의 마음으로 바라보기
함께 놀이하기	• 동물을 그려달라는 영아의 요청으로 당시에 영아가 흥미를 느끼고 있던 동물을 그려주기

유아 상호작용 지원 (5세)

구분	상호작용 지원 내용
인정 및 지지하기	• 나팔꽃 책, 씨앗, 나팔꽃 성장 과정에 참여하는 유아들을 관심과 감동의 마음으로 지켜보기
제안하기	• '나팔꽃이 피었습니다' 책을 교실 한 곳에 두어 자연스럽게 유아들이 나팔꽃에 관심을 가질 수 있도록 환경을 통해 제안 • 성장해가는 나팔꽃에 필요한 것을 찾도록 하기 위해 형님들은 어떻게 했는지 살펴보도록 제안
질문하기	• 지지대의 높이와 간격을 생각할 수 있도록 "키가 얼마만큼 자랄까? 빨대가 얼마나 필요할까?"라고 질문 • 나팔꽃이 옆 지지대로 옮겨간 모습을 발견하고 자연의 생명성과 변화에 대해 생각해 볼 수 있도록 "왜 다른 지지대로 옮겨갔을까?"라고 질문
함께 놀이하기	• 나팔꽃이 지지대를 타고 올라가기 시작한 날, 유아들과 마찬가지로 나팔꽃을 처음 키워본 교사는 흥분을 감추지 못하고 유아들을 부르고 함께 관찰하며 흥분되는 감정을 나눔

2. 기록과 활용

한솔영유아교육과정에서 교육은 영유아의 놀이에서부터 시작된다. '놀이'라는 교육실행을 관찰 및 기록하는 것은 교육평가와 교육계획으로 이어지는 교육과정 운영을 위한 기초적인 교육 행위이다. 영유아의 놀이가 어린이집에서의 생활 내내 일어나므로 교사의 관찰 역시 지속적으로 일어난다. 그런데 교사가 관찰한 모든 관찰 내용을 기록할 수는 없다. 많은 관찰 내용 중에서 교사가 무엇을 어떤 방법으로 기록하고 활용하는지를 알아보고자 한다. 기록과 활용을 위한 교사 역할을 영아(1세, SKY어린이집), 유아(5세, 현대제철당진어린이집)의 사례와 함께 살펴보고자 한다.

1) 기록의 내용

많은 경우에 관찰은 교사의 흥미와 관심에서부터 시작된다. '영유아가 ~한 행동을 왜 저렇게 반복하고 있을까?'하는 궁금증, 평소에 친구와 함께 놀이하는 것에 어려움을 보이는 영유아가 있다면, '왜 친구와 노는 것이 힘들까?'하는 의문, 바깥놀이에 소극적이었던 영유아가 다른 행동을 보인다면 '오늘은 왜 다르지?'라는 놀라움, 교사의 자료 등 놀이 지원을 하고나서 '적절한 지원이었나? 아니면 오히려 방해가 되지는 않을까?'하는 전문적 판단, 교사도 유아도 즐겁지 않은 식사 시간에 대한 성찰적 생각 등 관찰은 교사의 내면에서 시작되고 이러한 부분에 대한 이해와 공감에 도달하기 위해서는 놀이를 따라가면서 집중하는 것이 필요하다.

교사는 이목을 끌면서 교육적으로 필요한 것으로 판단되는 장면을 선택적으로 관찰하면서 기록을 한다. 주로 새롭게 시도하는 놀이, 놀이자료의 의미 있는 활용, 영유아의 흥미와 개별적 특성, 영유아의 발달 혹은 성장이 보이는 놀이, 친구 관계 등의 내용이 해당된다. 또한 교사는 관찰과 기록에서 소외된 영유아가 없는지 확인하고 만약 그렇다면 그 이유가 무엇인가에 대해 돌이켜 생각해 볼 필요가 있다.

교사는 다음과 같은 내용을 기록한다.

- 영유아가 새롭게 시도하는 놀이
- 놀이하면서 새로운 아이디어가 나타나고 놀이가 변화해 가는 과정
- 놀이하면서 나타나는 의미 있는 시선이나 표정, 몸짓이나 환호, 단어와 말 등
- 놀이 자료를 활용하는 다양한 방법
- 함께 놀이하는 사람, 놀이에 참여하는 방법과 모습
- 놀이에서의 역할 또는 역할의 변화 (놀이를 주도하고 협력하는 등)

	영아 놀이 기록 내용 (1세)
기록의 시작	• 한동안 반복적으로 이어지는 끼적이기에 관심을 가지게 됨 • 교사는 끼적이면서 영아가 무엇을 하고 있는지를 궁금해 함
기록 내용	• 꼭꼭, 어디 있지?, 안 돼! 등 영아의 짧은 말 • 인상을 찌푸리거나 힘껏 끼적이는 등의 표정, 행동 • 채도 탐색과 비교 등 크레용의 활용 방식의 변화 • 색을 칠하여 덧끼적이는 놀이 내용과 탐색 과정 • 놀이에 관심을 갖고 참여하는 영아
기록 내용 예시	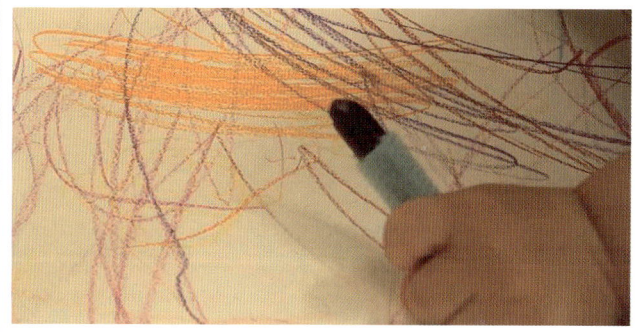 연준이는 '꼭꼭 숨어라' 노래를 부를 때면 "꼭꼭"이라고 말했다. 그런데 노래가 아닌 그림을 가리키며 "꼭꼭"이라고 말하며 어깨를 으쓱였다. 자세히 보니 교사의 그림 위에 덧끼적이며 '끼적이기로 그림을 숨겼다'는 자신의 의도를 적극적으로 표현하는 것이었다. ● 색을 칠하여 덧끼적이면서 교사의 그림을 가리는 장면의 기록 　(위에 전술한 기록 내용을 포괄하여 교사는 영아의 의도를 파악할 수 있었음)

	유아 놀이 기록 내용 (5세)
기록의 시작	• 형님들이 직접 만들어 물려준 '나팔꽃이 피었습니다' 책을 발견하여 관심을 보임 • 교사는 나팔꽃 심기에 기대를 갖는 유아들을 지켜보기로 함
기록 내용	• 봄을 기다리는 유아의 말, 표정과 행동 • 나팔꽃 씨앗에 대한 관찰과 표현 • 씨앗을 심고 보살피는 유아의 행동과 표현 • 나팔꽃이 자라는 모습을 관찰하는 말, 표정과 행동 등 • 지지대의 필요성을 느끼고 친구들과 협력해 가는 과정 • 재료와 도구를 다루면서 지지대를 만드는 과정
기록 내용 예시	 "씨앗이 뚱뚱해졌어." "꼭 깨진 것 같아." "꼬리처럼 나왔어." "흙을 담아야지. 돌이 있으면 안 돼. 공벌레는 괜찮아."

🌱 유아들이 관찰하고 있는 씨앗 장면(물에 불리는 씨앗)

2) 기록의 방법

 기록은 교사에게 편하고 효율적인 방식으로 하면 된다. 교실에서 영유아와 함께 놀이하고 상호작용하면서 기록을 한다는 것은 쉬운 일이 아니다. 다시 말해 영유아와 함께 하는 시간이 기록보다 중요하다는 의미이다. 최대한 간략하게 작성하되 나중에 알아보기 쉽도록 자신의 말과 도식으로 기록하면서 자신만의 기록 노하우를 개발해 가는 것이 필요하다.

 메모지에 간략히 작성하여 개인별 기록지에 부착하는 방식, 일별 놀이 기록지에 자유롭게 기록하는 방식, 그림이나 도형으로 기록하는 방식이 있다. 간략한 기록은 추후에 문장으로 정리할 수 있다. 영유아의 작품이나 놀이 결과물을 사진으로 기록할 수 있으며 상황이나 장면을 사진, 동영상, 녹음기 등의 매체로 기록할 수 있다. 교실의 한 벽면에 영유아의 놀이 지도를 제시하고 영유아가 기록하는 방법을 활용할 수도 있고 자유놀이가 끝난 뒤 또는 귀가 지도 시간 동안 놀이를 회상하면서 추가적인 기록 정보를 얻을 수도 있다.

 교사가 모든 장면을 기록으로 남겨야 한다는 부담에서 벗어날 필요가 있다. 영유아의 놀이는 지속적으로 일어나며 어제의 놀이와 오늘의 놀이, 교실에서의 놀이와 바깥에서의 놀이, 혼자 하는 놀이와 친구들과의 놀이가 연계성 있게 일어나므로 교사는 놀이의 과정에 집중함으로써 그 흐름을 파악하여 보여 주는 기록작업이 필요하다.

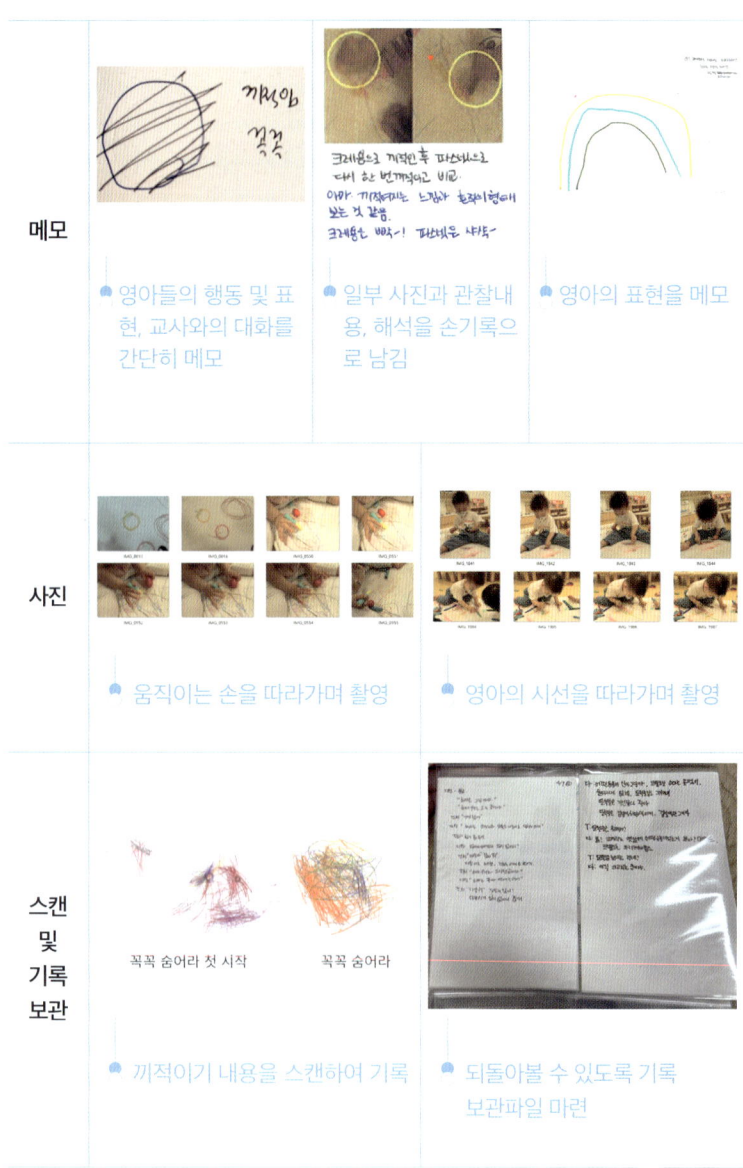

영아 놀이 기록 방법 (1세)

메모	영아들의 행동 및 표현, 교사와의 대화를 간단히 메모	일부 사진과 관찰내용, 해석을 손기록으로 남김	영아의 표현을 메모
사진	움직이는 손을 따라가며 촬영		영아의 시선을 따라가며 촬영
스캔 및 기록 보관	꼭꼭 숨어라 첫 시작 / 꼭꼭 숨어라 — 끼적이기 내용을 스캔하여 기록		되돌아볼 수 있도록 기록 보관파일 마련

유아 놀이 기록 방법 (5세)

메모

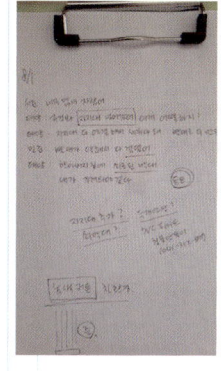

유아들의 대화를 간략히 메모

유아들의 대화 및 교사의 고민점을 메모

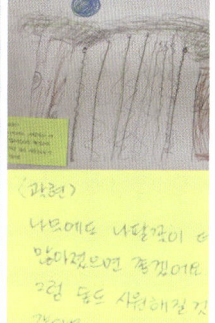

그림에 대한 유아의 표현을 메모

사진

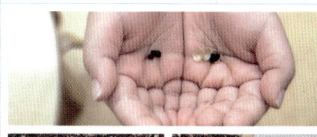

씨앗과 나팔꽃의 변화를 알 수 있도록 확대하여 자세히 촬영

나팔꽃의 성장을 돕기 위한 유아들의 노력을 사진으로 촬영

영상

MVI 2847

나팔꽃 커튼을 바라보는 유아들의 모습을 영상으로 기록

녹음

유아들과 이야기 나누기 시간을 활용하여 문제 상황을 협의하는 과정을 녹음

3) 기록의 활용

 교사는 기록을 통하여 관심과 흥미, 사고와 발달 등 개별 영유아의 현재 모습을 이해하게 된다. 이해되지 않는 표현이나 놀이 장면이 있다면 이전의 기록을 되돌아봄으로써 도움을 받을 수 있다. 당시에 무심히 지나친 영유아의 표현이 현재의 놀이와 연결되고 있다는 것을 기록을 통해 발견하게 된다. 발달적 일반론이나 이전에 경험한 영유아와는 다른 존재로서 개별 영유아의 현재 모습을 만남으로써 교사는 자신의 관점에서 벗어나는 성찰적 경험을 지속하게 된다. 개별 영유아와 교사 간의 이해의 격차를 더 섬세하게 느끼는 과정을 통해 교사는 영유아의 주관적인 세계를 더욱 공감하게 된다. 개별 영유아에 대해 이해할 때 교사는 영유아에게 필요한 경험이 무엇인지를 인식하고 보다 적절한 지원을 할 수 있다.

 교육예상안(교육계획안)은 기록의 결과물이다. 매일의 기록을 통하여 오늘의 교육을 돌아보고 내일의 교육을 예상하여 지원 계획을 세우게 된다. 교육예상안(교육계획안)은 어린이집에 따라 일일·주간으로 이루어지기도 하고 주간·월간 단위로 이루어지기도 한다. 1학기가 마무리 되는 시점에는 연초의 교육 기대와 방향을 중심으로 한 학기 동안의 교육 실행을 돌아봄으로써 2학기의 교육 기대와 방향을 설정할 수 있다. 기록은 지난 교육을 돌아보며 다음 교육을 예상하는 데 필요한 기초자료이다.

 또한 기록은 부모와의 소통을 위한 자료로 활용된다. 가정통신문이나 알림장, 부모 소통 어플리케이션 등에 영유아의 놀이와 일과를 공유하면서 최근의 관심사와 좋아하는 놀이감 등을 부모에게 전달한다. 기록은 매년 2~3회 실시되는 부모 면담 자료로 활용되고 일정 기간마다 놀이소식지로 제작되어 가정으로 보내진다. 기록의 활용을 통해 부모는 자녀에 대한 이해와 더불어 어린이집 교육에 대한 긍정적·참여적인 태도를 형성할 수 있다.

영아 놀이 기록 활용 (1세)

영아에 대한 이해

- 끼적이면서 '안돼!'라고 소리치며 인상을 찌푸리는 영아의 표현
  - 이 표현의 의미, 그리고 영아의 의도가 궁금해진 교사는 놀이 기록을 되돌아봄으로써 채도 탐색을 하고 있음을 이해하게 됨
- 연령이라는 선입견으로 끼적이기를 보았던 것에서 벗어남
- 1세도 유아 못지않게 명확하게 의도를 가지고 표현할 수 있는 주도적 존재라는 것을 깨달음
- 영아의 끼적임을 설레는 마음으로 보게 됨

교육과정 개선

예상안	실행안
• 보다 풍부한 채도 비교를 예상, 파스넷을 제공함	• 영아들이 끼적이기 위해 힘을 주자 파스넷이 부러져 버림 • 파스넷과 크레용을 함께 내어줌으로써 번갈아 끼적여보며 도구의 강도가 다름을 탐색하는 시간이 필요했음
• 작은 도화지와 달리 여럿이 함께 끼적일 수 있는 전지를 내어줌. 서로가 서로의 끼적이기에 영향을 줄 것이라 예상함	• 제공된 전지 위에 모두 끼적이고 나면 더 이상 끼적일 공간이 없어 놀이가 끊기는 문제점을 발견함 • 지속적으로 놀이할 수 있는 방법으로 '스케치롤'을 제공하여 끼적임을 이어가도록 함 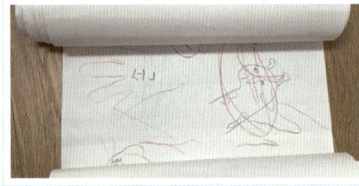

부모 소통과 공유

놀이 이야기 공유	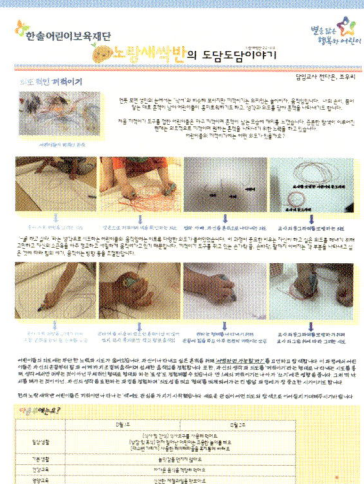
부모 소통	
• 어린이집에서 제공받은 자료와 놀이 기록지를 가지고 부모도 가정에서 놀이 후 기록 • 대면/ZOOM을 활용한 협의를 마련하여 부모와 교사 각자 작성한 놀이 기록 공유
부모 참여	
• 끼적이기 활동을 중심으로 부모 참여 수업이 이루어짐 • 자녀의 놀이를 이해하고 관찰의 중요성을 인식하며 관찰하는 태도를 형성하는 시간이 되었음

유아 놀이 기록 활용 (5세)

유아에 대한 이해

- 형님들이 물려준 책과 씨앗을 보면서 유아들이 나누는 대화와 표정
  - 이를 통해 교사는 유아들이 나팔꽃 심기를 얼마나 고대하는지를 느낄 수 있었음
- 나팔꽃의 성장과 한살이를 기대하는 유아들의 깊은 애정과 몰입을 느낌
- 나팔꽃의 변화와 순환의 과정에 직접 참여하고 보살피면서 함께 배우는 존재 그리고 배움을 격려하는 존재로 이해가 확대됨

교육과정 개선

예상안	실행안
• 어린이집 화단에 씨앗을 심을 계획을 함	• 유아들이 특별한 씨앗을 어떻게 심어야할지 고민하는 것을 발견 • 심는 방법을 함께 조사하기로 함 • 조사한 방법들 중에서 씨앗을 물에 불린 후 심는 방법을 선택함
• 마루뜰에 씨앗을 심은 후 유아들이 정성스럽게 돌보며 새싹이 나고 성장하는 과정을 관찰할 것으로 예상함	• 마루뜰로 산책을 나온 1세반 동생들이 어린 싹을 뽑아 버리게 됨 • 남은 씨앗으로 다시 심기로 함 • 다시 뽑는 일이 발생하지 않도록 하기 위한 방안을 찾음

부모 소통과 공유

놀이 이야기 공유	
부모 소통	• 하원 시 현재 유아가 관심을 보이는 내용을 개별적으로 공유 • 매주 금요일 키즈노트를 통해 사진과 놀이과정 공유 　- 다양한 방법의 소통을 통해 등·하원 시 부모님과 유아가 함께 나팔꽃 화분에 물을 주기도 하고 채종 시 함께 동참하기도 함 　- 부모님이 천연비료 만들기에 커피찌꺼기를 제공해 주며 비료로 사용할 수 있는 방법을 공유해 주기도 함
부모 공유	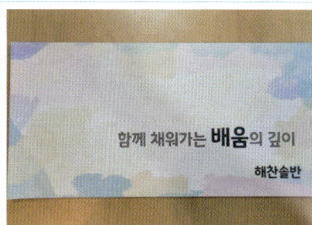 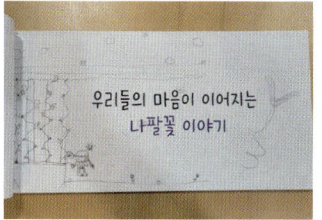 • 놀이 과정이 담긴 사례집을 제작하여 부모에게 배부하고 공유. 자녀들의 놀이가 어떤 배움으로 이어지는지 이해할 수 있도록 도움

3. 수평적 협의 문화 조성

'협의'란 특정 문제나 상황에 대해 교사들 간의 의견 조율과 해결방안을 논의하는 과정이다. 이는 운영 전반에 대해 논의하고 결정을 내리는 공식적인 모임인 '회의'와 구별된다. 한솔영유아교육과정은 놀이 중심의 발현적 교육과정을 추구하므로 영유아의 흥미와 요구에 따라 교육 내용과 방법이 조정된다. 이러한 교육 접근에서 교사 간의 협의는 교육과정을 성공적으로 운영하기 위해 반드시 필요한 과정이다.

협의가 성공적이려면 한 사람의 의견을 전달하는 방식보다는 자유롭게 서로 다른 의견들이 제시, 비교, 충돌되면서 더 바람직한 방향으로 집단의 사고가 움직여 가는 분위기와 문화가 조성되어야 한다. 수평적인 협의 문화는 놀이 중심 교육과정의 질을 향상시키고 다양한 의견을 수렴하면서 구성원들 간 협력의 가치를 경험하게 한다. 또한 학습공동체를 실현하여 교사의 전문성을 향상 시키고 교사의 자기 효능감을 증가시키게 된다.

수평적인 협의 문화를 만들어 가기 위해 유의할 점과 협의가 이루어지는 사례를 살펴보면 다음과 같다.

1) 수평적 협의 문화를 위한 교사의 역할과 태도

(1) 상호 간의 존중하는 태도를 가진다

 존중은 있는 그대로의 모습을 인정하는 것이며 상대에 대한 예의를 지키는 것이다. 상대방의 생각이 나와 '다르다'고 해서 '틀리다'고 볼 수 없기 때문에, 서로의 경험과 생각이 다르더라도 하나의 의견으로 존중할 필요가 있다. 나와 다른 상대의 지식과 경험은 또 다른 전문성의 모습이므로, 생각의 차이를 좁혀갈 수 있는 더 깊은 대화와 소통으로써 바라봐야 할 것이다. 이는 무조건적으로 상대의 의견을 쫓아가는 것과는 다르다. 생각과 의견의 차이를 인식하고 동료를 통해 자신을 되돌아보는 경험을 하는 것이며 나의 의견을 동료에게 적절한 방식으로 전달하는 것이다.

(2) 열린 마음과 자세를 가진다

 내 생각만이 옳다는 자만은 버리고 겸손한 자세로 협의에 참여하도록 한다. 새로운 아이디어나 접근 방식, 해석에 대해 열린 마음을 갖고 본인이 생각하지 않았던 측면에 대해서도 함께 고려한다. 나와 다른 의견을 수용하는 것은 쉽지 않다. 하지만 열린 마음으로 대화를 주고받는 과정을 통해 나의 생각의 범위는 넓어지고 근거는 더 분명해질 것이다. 상호 간의 접점을 찾을 때 논의하는 내용에 대해 더 나은 방향으로 함께 고민할 수 있게 된다.

(3) 유연하게 소통한다

 교사들은 자신의 의견을 명확하게 표현하고 타인의 말을 있는 그대로 받아들이며 오해하지 않도록 유념한다. 특히 한솔영유아교육과정의 특징인 발현적 교육과정은 교사의 계획대로만 운영되는 것이 아니기 때문에 상황에 따라 융통성 있게 대응할 수 있어야 하며, 이를 바탕으로 다양한 상황에 적용할 수 있도록 한다.

(4) 좋은 질문을 가지고 협의에 참여한다

 교사는 영유아를 이해하고 적절한 상호작용을 하기 위해 스스로 질문하는 존재이다. 질문을 통해 적절한 지원을 탐구하며 영유아의 놀이를 촉진한다. 교육현장에서 일어나는 문제나 의문에 대해 실천적인 방식으로 탐구하는 연구자로서 교사는 자신의 어려움을 질문으로 구체화할 수 있어야 한다. 좋은 질문을 갖고 협의에 참여한 교사는 자신의 생각을 되돌아보고 다른 관점에서 생각하며 의견을 교환함으로써 스스로 발전해 갈 수 있다.

(5) 비판적 사고를 한다

 어린이집에서의 협의가 발전적인 방향으로 나아가기 위해서는 서로의 의견에 대해 비판적으로 사고하며 개선할 방법을 함께 모색한다. 비판적 사고란, 어떤 상황이나 내용에 대해 다양한 관점에서 분석하고 장단점을 논의하며 실행과정이나 가치의 측면에서 다각적으로 평가하는 것을 말한다. 서로의 생각을 나누고 다양한 의견 속에서 합리적인 대안과 근거를 찾아가는 능동적인 사고이자 태도이므로 상호 간의 비판적 사고를 통해 교사와 어린이집이 함께 성장한다.

(6) 성실하고 책임감 있게 참여한다

협의를 하기 전에 관찰자료, 기록 또는 협의자료를 미리 읽고 이해하는 것이 필요하다. 협의 과정에서 교사는 진지하게 고민하고 적극적으로 임하며, 주체적으로 소통함으로써 배움이 더 깊어질 수 있음을 알고 협력하는 자세로 참여한다.

협의 시 역할에 따른 고려사항

구분	고려사항	예시
진행할 때	개방적 대화의 시간 격려하기	자료는 모두 미리 읽고 참여 했을 것 같아요. 그렇다면 어떤 점이 인상 깊었는지 열린 마음으로 솔직하게 이야기 나눠 볼까요?
	질문거리에 대해 생각해 보기	아이들이 왜 그 공간에만 가면 울지 않고 놀이 할까요? 어떤 배움을 기대해 볼 수 있을까요?
	공감의 태도와 함께 초점을 정리하기	동생들이 놀았으면 해서 놀잇감을 정리하지 않았다는 의도로 느껴진다는 거죠? 그럼 우리 당분간 놀잇감 중 몇 가지는 정리하지 않고 일부러 두어 볼까요?

말할 때	고민을 구체적으로 정리한 후 말하기	아이들이 색을 직접 만들어 보고 싶어 해서 물감을 내어 주었는데, 특정색만 사용하는 것 같아요. 왜 그럴까요?
	기록을 충분히 읽고 의견 말하기	기록을 읽고 나니 아이들이 수직으로 블록을 세워보기 위한 실험과정에 몰입한 내용으로 보여요. 제가 이해한 것이 현재 놀이의 포인트일까요?
	평가라고 느껴지지 않게 소통하기	선생님이 놀이를 그렇게 해석해 주신 부분이 인상 깊었어요. 이야기를 들으며 제가 덧붙여서 다른 측면에서도 한번 생각해 봤는데요.
들을 때	긍정적인 부분을 구체화하기	저는 선생님의 이야기를 듣고 제가 너무 많은 자료를 한꺼번에 주었다는 것을 깨달았어요. 항상 충분하지 않다고 여겼는데 때로는 자료를 상황에 맞게 조금씩 내어 주어도 좋겠네요.
	궁금한 질문을 정리한 후 공유하기	처음에는 몇 가지 궁금한 점이 있었는데, 이야기를 더 듣다 보니 많이 해결이 되었어요. 그럼에도 궁금한 부분은, 그 자료를 지원해 준 선생님의 의도가 더 듣고 싶어요.
	적용점을 찾아 수용적 태도를 가져 보기	우리반에도 아이들이 자동차를 좋아하는데 다른 반에서도 비슷한 관심사가 있는 부분 중 바퀴에 초점을 두어 생각하는 점이 인상 깊었어요. 저도 그 부분을 관찰해 보고 싶어요.

2) 협의의 주제

  어린이집에서는 문제 상황 발생, 교육계획 수립, 부모 소통, 역할 분장, 위기 대응, 전문성 개발, 행사 진행 등 다양한 내용의 협의를 진행하면서 기관의 교육철학에 맞는 교육환경을 유지하고 개선하기 위해 노력한다. 광범위한 협의 내용 중에서 교육과정 운영과 관련된 주제를 살펴보고자 한다. 교사는 교육과정을 운영하면서 영유아의 특성과 놀이행동에 대한 이해, 개입과 상호작용, 지원의 방향과 자료 선택 등 수시로 어려움에 봉착하게 된다. 교사는 협의를 통하여 원인을 찾고 이해에 도달하거나 방안을 찾는 데 실질적인 도움을 받을 수 있다.

  교육과정 운영 측면에서 이루어지는 협의 주제를 예로 들면 다음과 같다.

- 교실 내 대다수 영유아들의 흥미와 몰입이 집중되는 놀이 상황
- 특정 놀잇감이나 자료를 갖고 반복적인 탐색을 보이거나 호기심을 갖고 실험하는 모습
- 정체된 놀이의 문제 원인 파악 및 지원방향
- 영유아들이 나누는 대화, 표상(글자, 말, 몸짓, 색, 그림 등의 흔적)
- 자료 제시 방식, 교구장 또는 책상 배치로 인한 동선 등 환경구성
- 특정 영유아들의 갈등 상황이나 문제 상황에서 교사의 지원, 개입
- 교사로서의 태도, 방향성, 가치 등 교육적 관점

어린이만의 끼적임, 손끝의 의미 중에서 (1세)

협의 주제

- 오랫동안 끼적이기 놀이가 반복적으로 지속되는 이유
- 영아가 끼적인 표상의 의미
- 끼적이기 놀이 중 영아의 말 "꼭꼭"의 의미
- 끼적이기 자료 제시방식과 적절한 공간의 위치, 크기에 대한 고민
- 라이트테이블을 활용한 끼적이기 놀이에서 달라진 행동, 말, 표현
- 끼적이기의 특별함을 느낄 수 있게 하는 부모 공유 방식, 참여수업 방법

우리들의 마음이 이어지는 나팔꽃 이야기 중에서 (5세)

협의 주제

- 형님들이 만든 '나팔꽃이 피었습니다' 책을 동생들이 들여다보는 과정
- 나팔꽃씨 심는 방법에 대하여 유아 스스로 탐구하고 발견할 수 있는 환경구성
- 나팔꽃에 대한 관심이 지속되게 돕는 환경구성
- 나팔꽃 지지대를 마련하고 탐색할 수 있는 환경 구성
- 나팔꽃의 성장 과정을 유아가 되돌아볼 수 있도록 지원하는 방법
- 나팔꽃의 성장과 지구환경을 연결시켜 유아의 관심을 확장하는 방법
- 나팔꽃의 성장을 돕는 방법에 대하여 유아가 스스로 탐구할 수 있는 방법
- 나팔꽃씨 이야기를 전하고 싶은 유아들의 바람을 지원할 수 있는 방법

3) 협의의 방법

 교사들의 협의는 기록 협의와 같이 정기적이고 형식적인 협의로 진행할 수도 있고 동료 교사와의 수시 소통과 같은 비형식적인 협의로도 진행할 수 있다. 형식적인 방법에는 정기적 기록 협의, 간담회, 연령별 교사 협의 등이 있다. 수시로 이루어지는 비형식적 방법에는 교육일지에 대한 피드백, 동료 교사와 메모지(영유아의 놀이, 공유사항 등) 교환, 기록 및 협의 내용 되돌아보기, 온라인 협업 도구나 플랫폼을 활용하여 실시간으로 의견 교환하기, 수시면담하기 등의 방법이 있다. 어린이집의 필요와 상황에 따라 다양한 협의의 방법을 활용하는 것이 바람직하다.

 협의는 동료 교사들 간에만 이루어지는 것이 아니라 주임 및 선임 교사나 원장과도 진행할 수 있으며 서로 다른 시각과 위치에서 의견을 주고받으며 문제해결 및 인식의 전환과 확장을 경험할 수 있다. 또한, 교육공동체인 부모와도 협의를 진행하면서 영유아 놀이의 정보를 교환하고 가정과 연계할 수 있는 방법들을 탐색하며 협력을 이끌어 내고 함께 영유아의 성장을 도울 수 있다.

어린이만의 끼적임, 손끝의 의미 (1세)

적응 기간이 진행되던 3~4월, 어린이들은 엄마와 아빠라며 직선과 곡선의 무언가를 마구 끼적였다. 5~6월에도 어린이들의 직선과 곡선의 난화는 이어졌다. 단순히 끼적이기에 흥미가 있다고 느끼기엔 오랜 시간 지속되는 모습이었다. 반복적으로 끼적이며 어린이들은 무엇을 하고 있는지 들여다보았다.

"꼭꼭! 어디? 어디 있지?" 의도적인 끼적임의 발견

● 교사의 동물 그림

● 교사의 그림 위에 끼적이는 어린이들

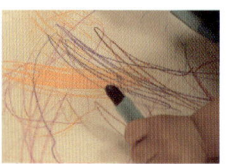
● 교사의 그림을 숨긴 어린이의 흔적

"꿀꿀!", "곰!" 어린이들은 여느 때처럼 교사에게 그림을 요청했다. 교사는 당시 흥미를 보이던 동물 그림을 그려 주었다. 어린이들은 교사의 그림 위에 끼적였다. 교사의 그림을 색칠해 주는 것인지 궁금하던 찰나, 어린이는 힘껏 끼적이고 이렇게 말했다.

"꼭꼭! 어디? 어디 있지?"

연준이는 '꼭꼭 숨어라' 노래를 부를 때면 "꼭꼭"이라고 말했다. 그런데 노래가 아닌 그림을 가리키며 "꼭꼭"이라고 말하며 어깨를 으쓱였다. 자세히 보니 교사의 그림 위에 덧끼적이며 '끼적이기로 그림을 숨겼다'는 자신의 의도를 적극적으로 표현하는 것이었다. 의례 말하는 '의도적인 끼적이기'란 이런 것일까? 자신의 생각과 의도를 말과 온몸으로 표현하는 모습이 놀라웠다. 연준이의 꼭꼭 숨기는 끼적이기는 지속되었고 이는 친구들에게도 전염되어 노랑새싹반의 '꼭꼭 놀이'가 되었다.

"뭐지? 안 돼!" 끼적이기를 통한 채도 탐색

● 숨지 않는 흔적

● 숨은 흔적

그러던 어느 날, 어린이들이 "안돼!"라고 소리치며 끼적였다. 보라색 동그라미 위에 연두색으로 끼적이며 인상을 찌푸리고, 짙은 보라색으로 다시 끼적이며 "꼭꼭!"이라고 말했다. 어린이의 표현이 가진 의미는 무엇일까? 교사는 어린이의 시선과 움직임, 흔적을 기록과 사진으로 되돌아보았다.

움직임에 따라 겹쳐 그려지는 흔적은 채도에 따라 흔적 위에 덧그린 것이 잘 보이기도, 보이지 않기도 했다. 가령, 연한 연두색 흔적 위에 진한 보라색으로 끼적이면 색이 덮여 기존의 흔적이 보이지 않는 것이었다. 이 특성을 알아낸 어린이가 짙은 색으로 덧그려 원래의 흔적이 잘 보이지 않을 때 '꼭꼭 숨었다'고 표현해 왔던 것이다.

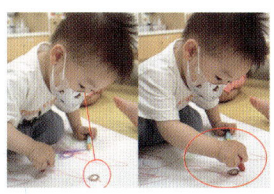
● 흔적 위에 끼적이며 숨겨지는지 확인하는 어린이

또 밝은 노랑과 레몬색처럼 같은 계열이지만 조금씩 다른 크레용의 색을 비교하기도 했다. 아마도 노란색 계열이지만 연하고 진하기에 따라 종이 위에 나타나는 색이 다름을 느끼고 '무엇이 다른가?'에 대한 비교를 하는 듯했다. 끼적이기에 담긴 '의도'에 집중해 왔던 교사는 단순히 남기는 흔적뿐만 아니라 그들이 선택하는 크레용 하나에도 의도가 있었음을 알 수 있었다. 서로 다른 색만 구분하는 것이라 생각했는데 끼적이기 안에서 채도와 다양한 색감을 함께 느끼고, 바라보고 있었던 것이었다.

교사는 의도적인 끼적이기와 채도 탐색이 이루어지길 기대하며 기존에 제공한 12색, 24색 크레용보다 더 많은 36색 파스넷을 추가로 제공했다. 끼적이기 공간도 확장해 주었다.

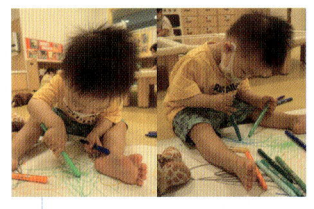

● 번갈아 끼적이며 색을 살피는 모습

어린이들은 넓어진 공간에서 교사의 기대대로 채도를 살피며 의도를 더했다. 초록색 계열의 파스넷만 모아 끼적이며 "이거 뭐야!"라며 흔적을 가리켰다. 파스넷이 주는 '같지만 다른 색감'을 느끼고 있는 것 같았다.

'이것은 어떤 색일까?', '이 색과 이 색은 같은 색일까?', '왜 흔적이 숨지 않을까?'와 같은 어린이의 고민과 시도를 엿볼 수 있어 신기하고 흥미로웠다. 끼적이기 안에 어린이들의 시선과 의도는 또 어떻게 놀이로 뻗어 갈까?

"앵앵- 소방차야!" 어린이 의도가 담긴 사물 표상

● 다양한 색으로 끼적인 흔적

어린이들의 끼적이기는 점차 넓고 길어졌다. 마음껏 끼적일 수 있도록 전지를 제공해 주었는데, 가득 채우고 나면 더 이상 끼적일 공간이 없어 놀이가 끊기는 듯했다. 새 종이를 지속적으로 제공해 놀이 흐름이 끊기지 않도록 스케치롤을 제공해 주었다. 긴 스케치롤 위에 끼적이며 어린이들의 의도에는 점차 생각과 표상이 드러났다.

해준이는 소방차를 그렸다고 했다. 주변의 알록달록한 색 흔적은 불이고, 빨간색 커다란 흔적은 소방차였다. 불을 끄기 위해 소방차가 왔다는 설정까지 만들어 냈다. 아마도 '빨강=소방차'라는 연결고리를 떠올리고 끼적이기와 말로 표현했던 것 같다. 끼적이기와 채도 탐색에서 나아가 일상의 경험, 생각을 색과 연결하는 듯했다. 1세의 끼적임과 표현은 흘려 볼 수 없음을, 의미 없는 것이 없음을 깨닫는다.

"있다? 없다!" 새로운 매체와 끼적이기의 만남

어린이들의 시선과 의도는 다시 어디로 향할까? 끼적이기는 당연하게 종이 위에 이루어질 것이라 생각했던 교사와 달리 어린이들의 손끝은 다른 곳으로 향하고 있었다.

'라이트테이블'이었다. 끼적이기 놀이가 이루어질 당시 동시에 라이트테이블 놀이가 이루어졌다. 다양한 색깔 자료로 '빛 위의 색'에 대하여 탐색하다 보니 자연스럽게 두 놀이가 연결된 것이었다. 라이트테이블 위에 파스넷으로 아무리 끼적여도 종이보다 선명하게 흔적이 나타나지 않자, 어린이들은 더 세게 힘을 줘보기도 하고 색을 바꿔 끼적이기도 했다.

● 라이트테이블 위 끼적임

● 보드마카를 만난 어린이

● 끼적인 흔적을 살피는 어린이

어린이들의 흥미를 반영해 라이트테이블 위에서도 선명하게 끼적일 수 있는 '보드마카'를 제공해 주었다. 저마다 자유롭게 끼적이기도 하고 손끝을 따라 움직이거나 생각한 것을 그리기도 했다.

라이트테이블 전원 버튼을 껐다가 켜며 *"있다", "없다"*라고 표현했다. 어린이들의 손끝을 보니, 색과 끼적인 흔적이 빛의 유무에 따른 미묘한 다름이 있었다. 매체의 특성과 만난 끼적이기의 매력이었다.

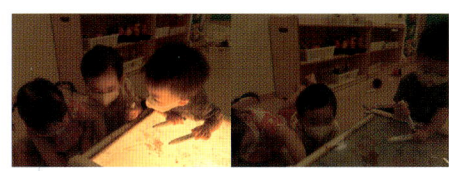
● 라이트테이블 전원을 켜고 끄며 흔적을 살피는 모습

"토끼집에 불이 났어요! 도와주세요, 소방차!" 어린이들만의 상상과 이야기

끼적이기 도구나 형태, 흔적과 색, 끼적이는 매체에 대한 충분한 탐색이 이루어졌다. 의도적으로 색을 선택해 끼적이며 '불'과 '물'을 표현하고, 소방차 놀잇감을 연결해 상황을 표현했다.

  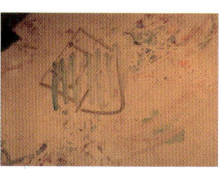

● 집 그림 위에 끼적임 ● 소방차를 가져와 불을 끔 ● 파란색을 덧끼적임

"여기는 토끼집이야. (빨간색으로 끼적이며) 그런데, 불이 났어! 도와주세요!"

"(소방차를 가져오며) 내가 도와줄게! 소방차가 불을 꺼요. 슈슈-"

"(파란색으로 끼적이며) 이제 불이 다 꺼졌대. 소방차가 구해줬어."

어린이의 이야기와 표현을 자세히 들어보면 상상은 멈춘 단편의 형태가 아닌, 토끼의 집과 불이 난 상황, 소방차가 달려와 구해주는 역동적인 상황 그 자체였다. 유아의 상상이나 표현, 이야기 못지않게 1세도 명확하게 표현하고 상상하고 있었다. '상상과 이야기'는 연령과 관계없이 어린이들만의 방법으로 접근하고, 만들고, 표현하는 것임을 깨닫는다.

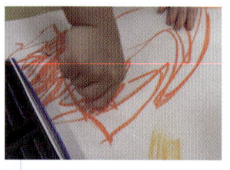  

● 주황색으로 끼적임 ● 검은색으로 덧끼적임 ● 라이트테이블로 옮겨 끼적임

온후: *여기 불이 났어. 아주 크게 났어. 소방차가 와야 해.*

온후: *이렇게 검은 연기가 피었어. 아주 많아.*

아린: *여기! 이것 봐.*

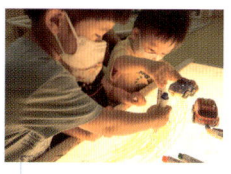

● 라이트테이블 전원을 끔

● 경찰차와 소방차를 가져옴

● 보드마카, 오일파스텔로 끼적임

도윤: *(라이트테이블 전원을 끄며)*불 없어! 꺼졌다!

온후: *불을 끄고 있어. 불이 꺼졌대.*

온후: *여기도 불이 났어. 불이 아주 크게 났어.*

어린이의 표현은 어디까지일까? 라이트테이블 위에 끼적이며 불이 나고, 끄기 위해 다른 영역의 놀잇감을 가져오고, 전원 버튼과 함께 불이 꺼졌다. 단순히 끼적이는 것을 넘어서 매체의 특성까지 활용하는 모습이었다. 유창한 이야기나 말로 이야기해준 것이 아니었음에도 교사는 놀이 흐름만으로 어린이들의 상상과 이야기를 완전히 이해할 수 있었다. 교사와 어린이는 놀이로 통하고 있었다.

"엄마도 해, 아빠도 해!" 교사-학부모 협의공동체 놀이 소통

교사는 어린이들과 통했던 소중한 놀이와 끼적이기가 가진 의도와 특별함을 가정과 공유하고 싶어 2주마다 작성되는 '도담도담이야기'에 담았다. 그러나 지면으로 작성되어 교사가 전달하고자 했던 놀이 흐름이나 어린이들의 시선이나 의도까지 원활히 소통하는 것은 어려운 일이었다.

● 교사-부모 협의공동체 실시

'끼적이기'를 주제로 협의공동체를 통해 공유하면 어떨까? 우리 어린이집은 22학년도에 어린이와 부모, 교사, 기관이 함께 놀이하고 소통하는 연령별 협의공동체를 구성, 진행하고 있다. 1세 교직원 협의를 통해 줌으로 진행하기로 했다. 소통과 공유는 원만히 이루어졌지만, 실제 놀이를 함께 해보았다면 어린이들의 놀이를 더 깊게 이해할 수 있지 않았을까 하는 아쉬움이 짙게 남았다. 이에 재협의 과정을 거쳐 학부모도 끼적이기가 가진 의도와 특별함을 느끼길 기대하며 부모 참여 수업을 진행하기로 했다.

부모 참여 수업 실시 과정

1단계 놀이 공유 → 2단계 사전 놀이 기록 → 3단계 부모 참여 수업 진행 → 4단계 사후 놀이 기록

부모 참여 수업은 단계적으로 진행되었다. 교사 발표로 어린이들의 놀이를 공유하고 학부모가 어린이의 놀이를 추측했다. 그다음에는 어린이들과 만나 다양한 끼적이기 도구로 놀이하고 교사-학부모와 놀이 과정과 소감, 평가를 작성하며 놀이를 되돌아보는 시간을 가졌다.

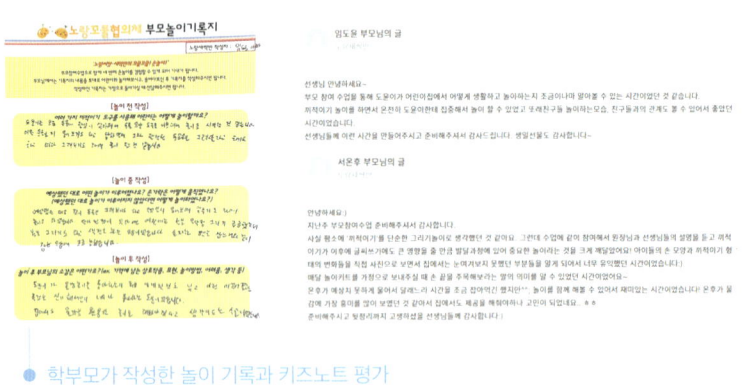

● 학부모가 작성한 놀이 기록과 키즈노트 평가

학부모는 교사가 공유했던 놀이를 발견하고 신기해 했다. '왜 교사가 어린이의 시선을 쫓으라고 했는지 알 것 같다.'는 학부모의 평가를 통해 그저 '영아의 난화'라고 바라보았던 끼적이기를 '의미 있는 표현'으로 시선을 변화해 바라보며 학부모도 교사가 느낀 어린이의 유능함을 함께 느낌을 알 수 있었다.

끝으로...

그동안 교사는 1세의 끼적이기를 연령이라는 선입견으로 성인의 눈으로 해석할 수 없는 낙서, 난화 혹은 발달상 즐거움에 국한된 반복 작업이나 움직임으로 바라보고 있었을지도 모르겠다. 어쩌면 '시도와 즐거운 경험에 의미'가 있고 '유아와는 다른 형태의 경험'이라고 생각했던 것은 아닐까?

사실 1세의 생각과 의도는 명확하다. 그리고 교사가 어린이의 움직임과 표현, 의도를 집중해서 바라볼 때, 어린이는 더 많은 생각과 의도를 구체적으로 보여 준다. 어린이와 교사가 함께 몰입해 놀이를 주고받는 경험이 쌓일수록 교사에게 끼적이기를 더욱 특별하고 의미 있게 바라보게 된다. 학부모도 이러한 깨달음과 의미를 소통하는 과정을 통해 끼적이기를 바라보는 시선을 바꿔 의미 있게 바라보며 특별하게 만나 가고 있다. 지금도 어린이들의 끼적이기와 표상 그리고 이야기는 계속되고 있다. 이어지는 놀이에서는 또 어떤 의도와 생각을 어린이의 방법으로 표현해 줄지 무척 기대되고 설렌다.

우리들의 마음이 이어지는 나팔꽃 이야기 (5세)

5세반으로 진급한 어린이들은 교실을 탐색하느라 바쁘게 움직이기 시작하였다. 교실 이곳저곳을 살피다 형님들이 직접 만들어 물려준 '나팔꽃이 피었습니다' 책을 발견하고는 무척 반가워한다.

"이거 형님들이 우리 늘솔길반(4세반) 때 준 책이잖아."
"따뜻한 봄이 되면 화분에 씨앗을 심으라고 했는데 언제 심어요?"

"따뜻한 봄이 오면 나팔꽃을 심어.
그러면 하트 모양 싹이 나올 거야."
"잎이 많이 자라면 지지대를 계속 세워줘야 해.
왜냐하면 나팔꽃은 덩굴 식물이기 때문이야."
"나팔꽃이 피고 바로 져도 걱정 마.
다음날 다시 필 거야. 동생들아 잘 키워줘."

(작년 해찬솔반 형님들이 졸업하기 전, 나팔꽃의 한 살이를 마치고 현재 해찬솔반 어린이들에게 직접 만든 나팔꽃 책과 씨앗을 남겨주며 들려준 이야기 중)

만남: 다시 피어난 나팔꽃

"어떻게 심어요?" 막연하게 어린이집 화단에 씨앗을 심을 줄 알았던 어린이들은 이 특별한 씨앗을 어떻게 심어야 할지 고민하고 있었다. 심는 방법에 대해 교사와 함께 조사하던 중 오래된 씨앗을 물에 불려서 심는 방법이 소개된 웹사이트 글을 발견하게 되었고 형님들의 책에는 쓰여 있지 않았지만 새로운 방법인 씨앗을 불리는 과정을 시도하게 되었다.

"씨앗이 뚱뚱해졌어." "꼭 깨진 것 같아."
"꼬리처럼 나왔어."
"흙을 담아야지. 돌이 있으면 안 돼. 공벌레는 괜찮아."
"햇빛이 중요해. 어디에 놓지?"
"좋아 마루뜰!"

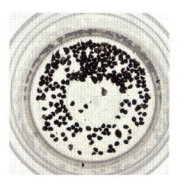

씨앗을 불리고, 흙을 화분에 골라 담고, 햇빛이 잘 드는 장소도 정하며 나팔꽃을 피우기 위해 꼼꼼하게 살피는 어린이들은 벌써 돌보는 마음의 싹이 트고 있는 듯했다. 기다림 끝에 '하트 모양' 싹이 나고 '아기 나팔꽃'이라며 기뻐하던 일도 잠시. 크게 실망하는 사건이 벌어지고 말았다. 1세반 동생들이 놀이 중 새싹을 뽑아버린 것. 다행히 형님 반이 물려준 씨앗이 남아 있어 다시 심어보기로 하였지만 어린이들은 실망에 이어 걱정을 하기 시작하였다.

은우: 동생들이 또 뽑으면 어떡하지? 여기 문화센터 지나가는 사람들이 뽑을 수도 있을 것 같아.
민준: 뽑지 말라고 써놓으면 될 것 같은데.
민서: 동생들은 어차피 못 읽잖아.
민준: 동생들도 알 수 있게 표시하자. 그림으로!

나팔꽃을 소중히 여기는 마음으로 안내 푯말이 만들어졌고 등하원 길에는 부모님과 함께 나팔꽃을 관찰하며 교감을 나누고 긍정적인 대화들도 주고받는 모습들이었다. 또 교실 창문 너머로 나팔꽃을 보기 위해 까치발을 들고 시시때때로 관찰하는 어린이들을 위해 교사는 나팔꽃에 대한 관심이 지속될 수 있도록 편안하게 창문을 통하여 바라볼 수 있는 공간을 지원하기도 하였다. 걱정과 설렘의 기다림을 이어나가고 있던 어느 날, 나팔꽃은 드디어! 두 번째 싹을 틔우게 되었고 긴 기다림 속에 꽃을 활짝 피웠다.

"진짜 피었어!!! 와 대단해!"
"여기 쪼그만 데서 어떻게 큰 꽃이 피었지?"
"얘들아 나팔꽃이 진짜로 오므라들었어!!!"

시간이 지나 발견되는 나팔꽃의 신비로움은 어린이들에게 감동으로 다가왔고 보다 깊은 애정과 보살핌으로 나팔꽃의 성장에 기대감을 가지고 몰입하는 모습들이었다. 장마가 시작되던 어느 날, 어린이들은 마루뜰의 어린 나팔꽃이 뽑혀서 날아가진 않을까 걱정하고 있었다. 어린이들의 걱정에 나팔꽃을 교실에 들여오게 되었고 그렇게 나팔꽃을 가까이에서 만나게 되었다.

보송: *키가 다 달라.*
태양: *여기 털이 있어. 털이 있어야*
　　　살아 남는 건가?
민준: *까슬까슬해.*
민호: *이건 엉덩이 모양이 아니네.*
　　　손바닥 모양 같기도 하고.

어린이들은 더 가까이에서 만난 나팔꽃에서 새로운 모습들을 발견하기도 하였고 조금 더 성장한 나팔꽃의 모습에 지지대가 필요함을 느껴 아틀리에 재료를 탐색하며 지지대를 만들기 시작하였다.

민준: *이거 어때? 빨대. 테이프로 연결하자.*
시완: *예쁜 말 해줘야 되니까 이걸로 하트 만들어서 붙이는 거*
　　　어때?
태양: *이렇게 성처럼 만들면 나팔꽃이 이쪽으로 해서 성처럼*
　　　올라가겠지?

어린이들은 지지대를 따라 성장할 나팔꽃에 대한 기대감을 고스란히 드러내고 있었다. *"얘들아 빨리 와봐!!"* 나팔꽃이 지지대를 타고 올라가기 시작한 날, 나팔꽃을 처음 키워본 교사도 흥분을 감출 수 없는 일이었다.

지원: 벌써 여기까지 올라왔어!
태양: 아, 이제 지지대 더 높이 세워줘야 되겠는데.
건희: 그런데 여기 잎은 왜 노래졌지?

기쁨을 만끽하던 중 발견한 노란 잎. 어린이들의 걱정스러운 표정에 바로 인터넷 검색을 하게 되었고 햇빛과 영양분 부족이 원인임을 알게 되었다.

"교실에 햇빛이 없어서 그런가 봐. 선생님~ 저기 햇빛 있어요.
빨리 밖에 내놓아요."

지지대를 타고 올라가는 나팔꽃을 바라보며 '나도 무엇인가를 해냈어!'라는 자신감에 가득 찬 표정들이었고, 노랗게 변한 잎을 보며 생명에 대한 관심이 커져가면서 우리들의 노력과 더불어 또 다른 자연의 힘이 있어야 함을 깨닫기도 하였다.

발견: 잎새들의 이유 있는 행진

지지대를 타고 조금씩 올라가는 나팔꽃의 모습을 한시도 놓치지 않는 어린이들은 작은 변화도 금세 알아차리곤 했다. **"선생님~ 나팔꽃이 난간 속으로 들어간 것 같아요."** 민준이는 나팔꽃 덩굴이 지지대를 지나 마루뜰의 난간을 타고 올라간 모습을 발견하였고 교사는 이 모습을 사진으로 공유하며 되돌려주는 시간을 갖게 되었다. 확대된 사진으로 나팔꽃의 모습을 나누던 중 나팔꽃 덩굴이 지지대를 타고 올라가다 다시 아래로 내려와 옆 지지대를 타고 올라간 모습을 발견하게 되었다.

여름: 어? 옆 지지대로 옮겨 갔어.
교사: 왜 다른 지지대로 옮겨 갔을까?
여름: 다리처럼 됐어요. 다른 나팔꽃도 건너가라고 다리 만들어 준 거 아냐?
보송: 자기가 지지대가 되었나 봐.
서준: 이제 지지대가 얼마 안 남아서 미리 보고 옮겨 간 것 같은데?
건희: 저쪽 거는 난간으로 갔어. 난간이 더 튼튼해 보여서 옮겨 갔나 봐.

매일 달라지는 나팔꽃 덩굴의 움직임에 어린이들의 호기심은 커져갔고 나팔꽃 덩굴이 선택하는 지지대에 대해 가설을 세우기도 하며 다음 움직임을 기대하기도 하였다. 나팔꽃 덩굴이 하나 둘 지지대 끝에 다다르기 시작하자 어린  이들과 교사는 고민에 빠지게 된다. **'지지대를 더 연결해 주어야 하나? 덩굴이 자꾸 난간 쪽으로 가는데 더 튼튼한 지지대를 만들어 주어야 하는 건 아닐까?'** 메이트 교사와 고민을 나누며 협의하게 되었다. 최근 폭염이 지속됨에 따라 어린이들과 날씨와 지구환경에 대해 알아보며 친환경 냉방에 대해 조사하던 메이트 교사는 그린 커튼인 나팔꽃 커튼에 대해 관심을 갖고 알아보던 중이었다.

'어린이들은 어떻게 생각할까?' 교사는 어린이들에게 나팔꽃 커튼에 대한 이야기를 하게 되었고 반응은 폭발적이었다.

민준: 우와 우리도 만들어요!!!
은우: 저렇게 만들면 우리 반 완전 추워지는 거 아냐?
태양: 어린이집 지붕 끝까지 덮으면 좋겠는데?

"우리 나팔꽃 때문에 지구도 시원해 져서
펭귄도 잘 살게 됐을 걸?"

● 나팔꽃 커튼을 만든 후 어린이들의 표상 중에서

어린이들의 긍정적인 반응에 위치와 형태를 의논한 뒤 교실 창문과 맞닿은 마루뜰에 줄을 달아 나팔꽃 커튼을 만들게 되었다. 어린이들은 나팔꽃 커튼에 의미를 담아 '**시원한 나팔꽃**'이라는 이름도 짓게 되었고 조금씩 새로 만든 줄을 타고 올라가는 나팔꽃은 어린이들에게도 기쁨을 선사하고 여러 사람들에게 소소한 행복과 즐거움을 주기 시작하였다.

> *"늘봄반(1세반) 어린이들도 마루뜰에 가면 꼭 나팔꽃 커튼으로 가요.*
> *까꿍 놀이를 즐기기도 하고 한참을 놀이한답니다.*
> *이번에는 금지 표지판이 없어서 함께 즐길 수 있어서 좋았어요."*
> *(교사 협의 중 1세반 교사의 의견)*

함께: 더해지는 진심의 깊이

마루뜰의 나팔꽃 커튼이 온 어린이집의 관심과 함께 자라나던 중 나팔꽃이 잘 자라지 못하는 것 같다는 원장님의 말씀을 듣게 된 어린이들은 교실에 게시되어 있던 작년 형님 반의 나팔꽃 사진과 마루뜰의 나팔꽃을 창문을 통해 연신 비교해 보기 시작하였다.

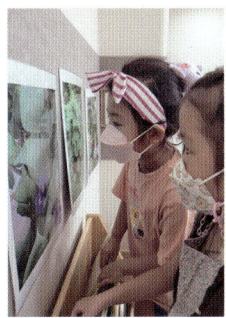

여름: 우리 나팔꽃이 너무 작아...
시완: 예쁜 말 안 해줘서 그런가 봐.
여름: 우리가 자꾸 옮겨서 어지러운 거 아냐?

어린이들은 나팔꽃이 잘 자라지 못하는 이유에 대해 다양한 사고를 하면서 해결 방법을 스스로 찾아가며 나팔꽃의 성장을 이어가고 있었다. *'나팔꽃을 돕기 위한 방법이 없을까?'* 함께 고민하며 다양한 조사를 통해 천연비료에 대해 알게 된 어린이들은 쌀뜨물과 커피 찌꺼기를 준비하기로 하였다.

채민: 우리 집에서 갖고 오면 어때요?
　　　저기 우유병에.
여름: 우리 집엔 저거 쌀뜨물 없는데…
여름: 그럼 저기 영양사님께 부탁해요.
엘리: 우리 엄마 커피가게에 커피 많아요.
　　　내가 가져올게요.

어린이들은 조리사님께 직접 찾아가 부탁드리고 어린이들의 마음을 전달받은 조리사님도 감동을 받으신 모습으로 "그래 꼭 챙겨 놓을게."라고 말씀하셨다. 다음 날 잊지 않고 커피 찌꺼기를 준비해 온 엘리의 어머님과도 소통이 이루어졌다.

"선생님~ 엘리가 꼭 가져가야 한다고 하더라고요.
커피 찌꺼기가 오늘은 좀 덜 나왔어요. 더 모아 놓을게요.
아, 그리고 화분에 주려면 잘 말려서 줘야 한다고 하더라고요."
(엘리 어머님과의 대화 중)

형님 반에서부터 이어진 나팔꽃 씨앗은 해찬솔반 어린이들뿐만 아니라 부모님, 동생들, 온 어린이집이 하나로 연결되어 활짝 피어나고 있었다.

순환: 씨앗에서 다시 씨앗으로

 나팔꽃에 쌀뜨물과 커피 찌꺼기를 뿌려 주며 돌보기를 이어가던 어린이들은 나팔꽃이 피었던 자리에 생긴 열매를 발견하였다. *"갈색으로 변하면 따도 된다고 했잖아. 이거 따도 되는 거 아냐?"* 갈색으로 변한 열매를 발견한 서준이는 형님들이 물려준

책의 내용을 떠올리며 열매를 따게 되었고 따자마자 열매가 벌어지며 씨앗이 쏟아지는 모습을 보자 놀라움을 감추지 못했다. **"우와~씨앗이 들어있어!"** 기다리던 씨앗 수확을 하게 된 어린이들은 들뜬 목소리로 머리를 모아 이야기를 나누기 시작하였다.

지원: 아, 나도 씨앗 갖고 싶다.
여름: 안돼, 그럼 동생들 줄 것이 없어지잖아.
   우리도 동생 줘야지.
해온: 맞아 형님들도 우리 씨앗 줘서 우리가 커튼도 만들었잖아.
민준: 물려주려면 아직 부족해. 그럼 씨앗 나오면 선생님
   씨앗 통에 모으자.

씨앗을 모으기로 한 어린이들은 등원 길에 조심스레 열매를 따오기도 하고 하원 길에 딴 열매를 통에 담기 위해 다시 교실로 돌아오기도 하였다. 씨앗이 점점 모아지며 동생들에게 어떻게 물려줄지 생각을 나누게 된 어린이들은 그동안 나팔꽃과 함께한 과정을 되돌아보았다. 나팔꽃의 시작을 떠올리며 지난해 형님들이 교실로 찾아와 '나팔꽃이 피었습니다.' 책을 직접 읽어 주었던 일을 추억하게 되었고 황급히 책을 찾아 다시 함께 읽어 보게 되었다.

윤하: 우리는 씨앗 물에 불렸었는데.
서준: 나팔꽃 싹 하트 모양이랑 엉덩이 모양이야.
   나비 같기도 해.
민준: 다른 모양도 있었잖아. 손바닥 모양.
시연: 우리는 보라색 꽃 피었는데.
민서: 그것도 있잖아~ 쌀뜨물이랑 커피가루!
*해온: **그런데 씨앗 물에 불릴 때 물에 가라앉은 거랑***
   물에 뜬 거랑 어떤 걸 심어야 하는지 동생들한테 알려
   줘야 하지 않아?
교사: 그러면 너희들은 동생들에게 어떻게 전달하면 좋을까?

교사는 어린이들과 함께 끝없이 쏟아지는 나팔꽃에 대한 이야기들을 동생들에게 전달하는 방법에 대한 고민을 나누게 되었고 '우리도 형님들처럼' 동생들에게 책으로 전하고 싶다는 어린이들의 마음을 따라가며 책 만들기를 준비하게 되었다. 형님들의 책도 전달하자는 제안에 ***"선생님! 그 책은 우리가 볼 거예요!"*** 라는 외침을 들을 수 있었고 그 외침 속에서 형님들이 물려준 것은 단순히 씨앗과 책이 아니라 형님들로부터 얻게 된 깊어진 우리들의 경험과 배움을 소중히 여기고 있음을 느낄 수 있었다. 어린이들은 사진으로 담은 형님들의 책에 우리의 이야기를 더하여 책을 제작하기로 의견을 모았다. 오늘도 나팔꽃을 통해 발견한 감동의 이야기들을 고스란히 동생에게 이어주기 위한 책을 만들어 가고 있다.

● 2021년 해찬솔반 형님들의 책

● 2022년 해찬솔반이 제작 중인 책

형님들의 작은 손에서 시작되어 책과 함께 물려받은 나팔꽃 씨앗들은 시간의 경계를 넘어서, 어린이들의 능동적이고 꽃을 피워내기 위한 끊임없는 마음의 움직임까지 더해져 다시 싹을 틔워낸다. 교사는 어린이들의 자발적 흥미가 더해지며 나팔꽃에 대한 진심이 깊어져가는 여정에 함께 하며 기록에 대한 해석을 토대로 생각의 흐름에 주목하며 세심한 지원을 이어나간다. 놀이의 주체자인 우리 어린이들은 나팔꽃의 변화에 대한 순환의 과정에 몰입하며 다양한 가설과 호기심을 서로의 아이디어로 나누고 원내 그리고 부모와의 소통까지 연결시키며 '함께' 배움의 성장을 격려하게 되는 가치로운 여정을 이끌어 낸다. 어린이들은 형님들처럼 책을 통해 나팔꽃과 함께 지낸 시간과 애정과 지식과 경험이 오롯이 담긴 이야기를 동생들에게 전하고 싶어 한다. 씨앗을 물려받게 될 동생들은 자신들의 '나팔꽃 이야기'에 어떤 이야기를 더 담아 낼까?

II.
교사의 성장

 영유아교육을 담당하고 있는 교사는 교육의 질을 향상시키고 변화하는 교육 환경에 적응하기 위해 끊임없는 자기 성장이 필요하다. 교사의 성장은 영유아의 성장과도 연결되어 있으며 교사의 자신감과 동기 부여에도 영향을 미친다. 즉, 교사의 전문가적 성장은 영유아, 교사 자신, 나아가 사회 전반에 걸쳐 중요한 가치를 지닌다.
 이 장에서는 교사의 전문가적 성장을 도울 수 있는 방법으로 현직교육, 연구모임, 현장사례 공유의 방법을 제안하고자 한다.

1. 현직교육을 통한 전문가적인 성장

 현직교육이란 교사가 교육 현장에서 실질적으로 필요한 지식, 기술, 태도를 향상시키기 위해 제공되는 교육 프로그램을 말한다. 현직교육은 교사가 지속적으로 전문성을 개발하고 성장시키며 교육 현장에서의 수많은 정보와 변화에 적응할 수 있도록 돕는 데 중점을 둔다.

 교사는 경력이 높아짐에 따라 직위가 달라지고 업무 내용도 조금씩 변화해가므로 그에 맞는 교육을 받고 업무에 적용하는 것이 필요하다. 특히, 한솔영유아교육과정은 영유아와 함께 성장하고 배우는 교육 전문가이며 교육 실행가로서 교사의 역할을 매우 중요하게 다루고 있다. 그러므로 교사는 지속적인 현직교육을 통해 교사로서의 자신감과 유능감을 갖고 교육전문가로 성장하도록 노력해야 한다. 교사는 적절한 현직교육을 이수함으로써 자신의 교육철학과 교육운영의 방향을 분명히 하고 영유아와 함께하는 일과 속 수많은 딜레마와 좌절, 갈등에 대한 해답을 찾아갈 수 있다. 또한, 교육현장이 가지고 있는 특징인 관계중심적 사회에서 협력을 이끌어 내는 여러 가지 방법과 당면한 문제를 해결해 나갈 수 있는 힘을 키우게 된다. 현직교육은 교육과정, 교수법 향상, 인성 및 리더십 개발, 부모 소통, 영유아생활지도, 안전관리교육, 자기계발 프로그램 등의 내용으로 구성되고 다양한 형태로 진행될 수 있다.

한솔어린이보육재단은 어린이집 교직원을 위해 TRM(Training Road Map)을 운영하고 있다. 신입교사에서부터 원장에 이르기까지 교육전문가로 성장하는데 도움이 될 수 있는 교육체계이며 교육과정운영, 영유아지원, 부모소통, 조직문화, 직급별 역량강화 등의 내용으로 구성되어 있다. 직급과 주제를 고려한 새로운 지식 및 정보 공유의 교육에서 더 나아가 서로의 경험을 나누고 직접 참여를 이끄는 워크숍 형태의 내용들로 구성하여 교육의 의미와 효과를 높이고 있다. 적극적으로 생각을 표현하는 워크숍 시간은 공통의 문제를 고민하는 교사들 간의 유대감을 만들어 주며 교사 스스로 해답을 찾아가는 문제해결능력과 자존감을 높여 주기도 한다.

직급별 필수교육

구분	직급별 필수교육							
과정명 직급	신입 교사	재직 교사	재직 교사	재직 교사	주임 교사	선임 교사	신입 원장	재직 원장
원장							신입원장	재직원장
선임						선임		
주임					주임			
재직				재직 III				
			재직 II					
		재직 I						
신입	신입							

TRM 교육 후기

- 교사로서 자부심을 갖고 꼭 필요하고 중요한 것들에 대해 다시 배워보고 되돌아보는 시간이 되었다.

- 표면적이고 형식적인 교육이 아니라, 현장에서 적용할 수 있는 강의들로 구성되어 있어 참 의미 있는 시간이 되었다.

- 현장에 계신 선생님들의 고민과 마음을 읽어 주시고 나누어 주셔서 일에 대한 원동력과 위로를 받았다.

- 지금 제 시기에 큰 도움이 되는 강의였다. 현장에서 좋은 교사, 원 운영에 도움이 되는 중간관리자가 되도록 노력하겠다!

2. 연구모임을 통한 연구자적인 성장

교사의 연구모임은 특정 주제나 문제를 깊이 연구하고, 교육 실천을 개선하기 위해 모여서 협의하는 모임이다. 이러한 모임은 교사 자신의 교육 실천을 반성하고, 교육 이론과 방법론을 적용하며, 교육 현장에서의 문제를 해결하기 위해 서로의 경험과 고민을 나누고 해결점을 찾아가는 데 중점을 둔다.

양질의 교육과정 구성을 위해 교사 혼자의 노력도 필요하지만 공동체 구성을 격려함으로써 보다 적극적인 배움의 기회로 만들 수 있다. 특히, 교사들의 자발적인 연구모임은 교육 현장에서 교육실행을 하면서 겪는 서로의 고민을 개방적이고 수평적인 분위기에서 적극적으로 나눌 수 있다. 서로의 생각과 마음을 공감하는 가운데 상황을 더욱 객관적으로 바라볼 수 있는 시각이 생기고 스스로 해결점을 찾아갈 수 있다는 점이 특히 장점이다. 교사들은 업무적인 부분뿐만 아니라 정서적 유대로 인한 안정감과 몰입감, 그리고 회복탄력성을 경험하는 시간이 되기도 한다. 연구모임은 주제를 중심으로 소규모로 진행되며 어린이집 내 교사들끼리 진행할 수도 있고 다른 어린이집 교사들과 진행할 수도 있으며 정기적으로 모임을 갖고 토론하고 협의하는 형식으로 이루어진다.

한솔어린이보육재단에서는 교사들의 자발적인 연구모임인 '도담도담연구회'가 운영되고 있다. 교사들의 배움에 대한 열정을 도모하고자 자발적인 연구모임으로 조직하였고 다년간의 운영을 통해 목적성을 가짐과 동시에 교사들이 자율적으로 협의하는 분위기를 조성하기 위해 노력하였다. 협의에 참여하는 교사들은 1년 동안 약 7회 정도의 모임을 갖는다. 어린이 이미지, 교사의 관점 변화 등의 주제에 따라 회차마다 자신이 현재 속한 교육현장의 경험을 나누며 깊이 있는 공감대를 형성하기도 한다. 서로의 고민에 대해 귀 기울여 주고 이를 함께 고민하는 연구모임을 통해 교사들은 자신의 전문성을 확인받고 교사로서의 마음가짐과 방향성을 재정립하는 과정에 많은 도움을 받고 있다. 특히 자발성을 중심으로 참여한 교사공동체로서, 교사들의 높은 몰입과 양질의 협의가 이루어진다는 점이 큰 장점이다. 교사는 집단이 성장하고 집단 안의 개개인도 함께 성장함을 느낄 수 있는 유용한 경험을 하게 된다.

도담도담연구회 후기

- 어린이들에게 최선을 다하고 싶은 마음은 여전히 같지만, 잘 해내고 싶은 마음으로 인해 불안한 고민이 더 컸던 이전과 달리 지금은 긍정적인 측면에서 고민해보고 적용해 보려는 마음가짐과 태도를 가질 수 있게 된 것이 가장 큰 변화가 아닌가 싶다. 그리고 어린이들에게만 귀 기울이는 것이 아니라, 교사로서의 삶을 어떻게 살아가고 있는가를 되돌아보고 점검한다는 것도 놀라운 변화이다.

- 도담도담연구회를 '건강한 고민'으로 이어가자는 다짐을 하게 되면서 교사의 역할을 해내는 서로의 모습에 먼저 귀 기울이며 힘을 실어줄 수 있었고, 더불어 '어린이와 함께할 길'이 '가능성'으로 채워지기 시작했다.

3. 현장 사례 공유를 통한 학습공동체로의 성장

하나의 학습공동체를 구성하여 교사들이 서로의 전문성을 인정하고 고민과 의견을 나누며 함께 배우는 과정을 실천하기 위해서는 개인의 노력뿐만이 아닌 집단차원에서의 지원과 노력도 필요하다. 학습공동체가 교사의 전문성 개발을 위해 연구 및 협력적 실천을 하는 교사들의 결속체인 만큼 이를 지지할 수 있는 문화가 형성되는 것이 중요할 것이다. 이와 같은 문화는 결국 집단이 함께 성장하는 문화를 의미하며 서로가 가진 지식과 정보를 공유하고 의견을 자유롭게 주고 받으면서 이를 기반으로 서로의 성장이 자연스럽게 격려되는 분위기를 의미한다고 볼 수 있다. 학습공동체 문화를 형성하기 위해서는 공동체 내의 유대감, 친밀감, 정서적인 결속력이 함께 고려되어야 할 것이다.

영유아교사들이 참여할 수 있는 학습공동체는 다양한 형태들이 있다. 같은 기관에 소속된 교사들이 함께 모여 진행하는 학습공동체, 전문성 개발을 위한 주제 중심의 학습공동체, 특정한 연구주제나 교육 현안에 대해 탐구하는 교사 연구회, 전문 학회 및 협회를 기반으로 하는 학습공동체 등이 있다. 이러한 경험을 통해 교사들은 서로 생각과 지식을 나누고 지속적인 성장을 도모할 수 있다.

한솔어린이보육재단은 공동의 주제를 가지고 '콜로키움'을 진행한다. 각 기관에서 1년 동안 실천한 현장연구 사례를 나누고 학습공동체의 의미를 함께 느낄 수 있도록 격려하고 있다. 정기적으로 개최되는 '콜로키움'이라는 학습공동체 경험은 하나의 큰 집단 안에서 누적적인 배움의 측면뿐 아니라 결속력을 응집시키고 공동체에 대한 소속감, 자부심, 자긍심, 공감대 형성 등의 정서적인 측면도 함께 느끼게 된다. 특히 학습공동체를 통해 영유아·놀이 중심 교육과정을 운영하면서 느끼는 고민과 어려움, 유용한 정보 및 다양한 시각, 문제해결방법 등을 공유하고 논의하는 과정에서 구성원이 함께 성장할 수 있는 기회를 갖게 된다.

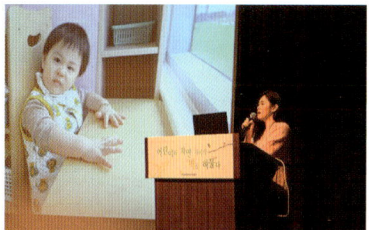

콜로키움 후기

- 재단의 교사로서 자긍심을 가지고, 기록작업과 교사의 지원, 그리고 귀 기울임의 의미에 대해 다시 한번 생각해 볼 수 있었다. 통합이라는 큰 주제 안에서 교실 안에서의 기대와 설렘이라는 추상적인 개념을 현장 사례를 통해 교사의 경험과 느끼는 바, 적절한 지원에 대해 다시 한번 생각해 볼 수 있는 시간이었다.

- 현장사례를 통해 기록과 되돌아봄의 중요성에 대해 다시금 깨닫는 시간이 되었다. 사소한 관점의 변화가 이끌어 내는 놀이의 변화가 너무나도 인상 깊었으며, 영유아들의 놀이를 귀 기울이고 들어다보며 깊이 있는 지원과 도전을 위해 끊임없이 고민하는 교사가 되어야겠다는 생각이 들었다.

4부
영유아 놀이와 놀이영역의 실제

Ⅰ. 놀이를 통해 배움이 일어나는 공간: 놀이영역 ···················· 154
　1. 놀이영역 구성의 기준
　2. 놀이영역 제안에 대한 취지

Ⅱ. 놀이영역의 개요 ·· 158
　1. 빛놀이
　2. 블록놀이
　3. 상상놀이
　4. 그리기놀이
　5. 자연놀이
　6. 몸놀이
　7. 게임놀이
　8. 책놀이
　9. 점토놀이
　10. 디지털놀이

I.
놀이를 통해 배움이 일어나는 공간: 놀이영역

1. 놀이영역 구성의 기준

 영유아가 주도하는 놀이는 교육적 기대, 다양한 환경 지원, 가정과의 협력 등 교사의 능동적인 지원과 맞물려 영유아의 유의미한 배움으로 이어지고 있음을 발견할 수 있다. 4부에서는 한솔어린이보육재단 어린이집에서 영유아들과 교사들이 함께 만들어 온 놀이를 예시로 소개하고자 한다. 영유아들의 흥미와 교사들의 교육적 기대가 맞물려 활발하게 진행된 놀이 사례 중 빈번하게 일어날 수 있는 가능성을 지닌 자료 또는 소재를 기준으로 분류해 본 바는 다음과 같다.

블록놀이
책놀이
빛놀이   몸놀이
        자연놀이
게임놀이 디지털놀이
상상놀이 그리기놀이
       점토놀이

앞에 제시된 10가지 놀이를 참조하여 교육에 반영할 경우, 다음 내용에 특히 유의하여 교육과정을 실천한다.

- 앞에 제시된 10가지의 놀이는 교실에서 동시에 이루어지는 것이 아니라 교사의 교육적 기대와 영유아의 흥미에 따라 몇 가지의 놀이만 선택되어 교실에서 이루어질 가능성이 높다.

- 제시된 것 외의 예상치 못했던 놀이가 진행되거나 예상치 못한 장소에서 놀이가 이루어질 수 있다.

- 10가지 놀이는 고정적으로 정해진 기준이 아니라 놀이 흐름에 따라 다른 놀이들과 연결되면서 자연스럽게 통합적으로 이루어질 수 있다.

2. 놀이영역 제안에 대한 취지

영유아의 놀이가 통합적으로 이루어지는 것이 중요하지만 특징적인 10가지 놀이를 각각 제안하는 이유는, 구성 가능성이 높은 영유아의 놀이를 이해하고 염두에 둠으로써 필요에 따라 깊이 있는 교사의 지원을 돕기 위함이다. 교사들은 영유아들의 다양한 놀이를 간접 경험함으로써 넓은 시각을 갖고 놀이를 더 잘 이해할 수 있을 것이다. 또한, 한솔영유아교육과정을 처음 접하는 교사들과 발현적 교육과정을 운영하는 데에 어려움을 갖는 교사들에게도 많은 도움이 될 수 있으리라 기대한다.

영유아 중심·놀이 중심이라하여 자칫 교사의 역할을 축소시키고 방임적 관찰자의 태도를 가지지 않도록 주의해야 한다. 놀이를 시작하기 전, 교사는 놀이에 대한 교사의 교육적 기대 방향과 목표를 가질 뿐 아니라 놀이 흐름에 따르는 환경구성, 지원 책략 등을 신중하게 고려하여야 한다. 이와 같은 능동적 교사의 접근은 영유아의 흥미와 관심을 발견하여 깊은 배움으로 이어지도록 도울 것이다.

다음 장에서 제시되는 놀이영역의 개요(놀이 방향, 교육적 기대, 환경 및 지원)는 반드시 따라야 할 지침이 아니며, 교사가 영유아의 놀이 상황에 따라 유연하게 적용할 수 있다. 교사의 참조가 예상되는 교육적 상황과 경우는 다음과 같으며 더욱 상세한 내용은 사례집에서 다루기로 한다.

- 학기가 시작되어 연안을 세우는 과정에서 놀이에 대해 고민이 되는 경우
- 영유아의 흥미와 놀이 방향을 예상하기 위해 참고하고 싶은 경우
- 놀이에 대한 교육적 기대를 폭넓게 고려해 보고 싶은 경우
- 놀이 진행 시, 공간과 자료 및 교사의 지원이 고민되는 경우
- 구체적 놀이영역에서의 다양한 교사의 기록을 살펴보고 싶은 경우
- 놀이가 배움이 되는 과정을 부모에게 안내하는 방법이 고민되는 경우

II. 놀이영역의 개요

1. 빛놀이

1) 예상되는 놀이 방향과 교육적 기대

예상되는 놀이 방향	교육적 기대
• 빛의 여러 가지 속성(투사, 굴절, 반사 등)에 대한 실험	• 나만의 방식으로 추론하기, 자신의 이론을 만들어 가는 경험을 할 것이다.
• 빛과 관련되어 나타나는 신비로운 현상에 대한 이야기 나누기	• 또래와 함께 상상하고 이야기를 펼쳐 보는 힘을 갖게 될 것이다.
• 빛의 조합 만들기	• 다양한 색을 만남으로 심미적 경험을 할 것이다.
• 빛과 그림자, 빛과 어둠의 관계 생각해 보기	• 빛이 가진 속성을 통해 빛과 관계된 사물의 형태 및 공간을 인식할 것이다.
• 빛과 관련된 일상의 자연현상에 관심 갖기	• 자연의 현상에 관심을 갖고 다가가서 이해해 보는 경험을 가지게 될 것이다.

2) 환경 및 지원
(1) 예상되는 자료

라이트테이블, 라이트박스, OHP, 손전등, 자연의 빛, 색조명, 라인조명, 센서등, 터치등, 집게조명, 색블록, 암막천, 스크린, 빔프로젝터, 노트북/컴퓨터, 물감, 스포이드, 물, 색물, 색모래, 식용색소, 미러볼, 셀로판지, 홀로그램지, 투명·불투명 놀잇감, 다양한 재질의 조각천, 레이스, 끈, 철사, 비즈, 거울, 유토, 플래쉬펜, UV펜, 도일리페이퍼, 휴지, 한지, 포일지, 트레싱지, 아스테이트지, OHP 투명필름지, PVC필름지, 아크릴 조각, 아크릴박스, 아크릴 원목 블록, 거울 블록, 자연물, CD, 패트병, 철망, 낚시줄, 고무판, 솜, 스펀지, 선풍기, 테이블매트, 투명 용기, 투명 볼, 투명 필름지에 인쇄한 사진 및 그림, 영상, 투명 이젤 등

(2) 환경 및 지원의 예시

놀이상황　　　　　　　　　　　2세

- 햇살과 만난 색물병에서 반사되는 다양한 빛을 경험하며 몰입함
- 색물병의 위치와 움직임에 따라 그림자의 모양에도 변화가 있다는 사실을 발견함

환경 및 지원

- 빛과 색의 만남을 경험할 수 있도록 빛이 잘 들어오는 큰 창문 주변 공간을 활용

놀이상황　　　　　　　　　　　3세

- 라이트테이블 위에서 내가 만든 색과 또래가 만든 색을 탐색함
- 점차 다양한 바다 동물 색 만들기 과정에 더욱 흥미를 느낌

환경 및 지원

- 다양한 색을 경험할 수 있도록 라이트테이블을 제공

놀이상황　　　　　　　　　전체 연령

- 빛의 특성을 잘 드러내기 위해서 공동 놀이실을 어둡게 하기로 함
- 어두운 공동 놀이실은 영유아에게 낯설고 새롭게 느껴져 영유아들의 호기심과 관심이 증가함
- 빛과 그림자에 대한 다양한 놀이로 확장됨

환경 및 지원

- 벽면에서 빛 놀이를 할 수 있도록 어두운 공간 조성, OHP를 활용할 수 있도록 지원

2. 블록놀이

1) 예상되는 놀이 방향과 교육적 기대

예상되는 놀이 방향	교육적 기대
• 자신의 생각 표현하기	• 나름의 상상을 펼치며 창의적 사고 능력을 갖게 될 것이다.
• 또래와의 협력, 갈등 및 문제 해결하기	• 또래와 협력하는 법을 배우면서 성취감, 만족감, 친밀감의 정서적 감정을 경험할 것이다.
• 블록의 여러 가지 속성(길이, 부피, 무게 등)에 대한 실험하기	• 그 과정에서 재료의 특성, 높이나 부피감, 균형감, 평형감, 수 등의 여러 가지 개념을 생각해 볼 수 있을 것이다.
• 블록과 연계된 다른 자료 활용하기 (지관, 휴지심 등)	• 자신의 논리를 구축하기 위한 여러 실험을 통해 과학적 원리를 배울 수 있을 것이다.
• 나만의 공간 또는 친구를 초대할 수 있는 공간 만들기	• 공간을 구성하는 과정을 통해 심리적 안정감과 공간 구성 능력, 또래와의 협력 과정을 경험할 것이다.

2) 환경 및 지원
(1) 예상되는 자료

유니트블록, 벽돌블록, 자석블록, 공간블록, 할로우블록, 카프라블록, 거울블록, 우레탄블록, 레인보우블록, 끼우기블록, 스내포블록, 아크릴 원목 블록, 큐바메이즈, 레고, 여러 종류의 모형, 소품, 연결잭, 휴지심, 지관, 파이프관, 보일러호스관, 주름관, 아크릴판, 전지, 우드락, 스티로폼, 철망, 다양한 두께의 호스, 색물통, 박스, 구슬, 다양한 크기의 공, 라인조명, 집게조명, OHP, 빔프로젝터, 돌, 모래, 자연물, 철망, 타공판, 우산, 비닐, 다양한 두께와 길이의 몰드, 줄자, 바퀴, 자동차, 표지판, 나무젓가락, 하드막대, 캔류, 정수기용 물통, 패트병, 계란판, 종이컵, 콘, 재활용품류, 색테이프, 도로테이프, 헤어롤러, 실패, 안전모 등

(2) 환경 및 지원의 예시

놀이상황   0, 1세
- 무너뜨렸다 쌓기를 반복하며 놀이함
- 서로 영향을 주고 받으며 또래의 쌓는 방식을 모방하기도 함

환경 및 지원
- 우레탄 블록, 자동차, 벽돌블록, 컵블록 등 다양한 자료와 놀이공간 및 충분한 시간을 제공

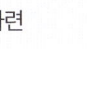

놀이상황   3, 4세
- 한 유아의 미로에 대한 흥미가 다른 친구들에게로 번져감
- 다양한 모양 블록을 활용하여 징검다리를 구성함
- 상상 놀이로 이어지며 또래 간의 관계가 활발해짐

환경 및 지원
- 미로 놀이의 확장을 위해 교실 책상을 치우고 넓은 공간을 마련

놀이상황   4세
- '하늘 100층짜리 집' 그림책을 시작으로 큰 수에 대해 이야기를 나누며 유니트 블록으로 구성물을 만듦
- 공간적 한계와 일정하지 않은 블록의 모양으로 인해 쌓기놀이에 어려움을 느낌
- 도담뜰로 공간을 이동한 후 젠가블록을 이용하여 놀이를 이어감
- 유아들은 어떤 방법으로 쌓아야 블록을 높이 쌓을 수 있을지에 관심을 갖고 놀이에 몰입함

환경 및 지원
- 공간의 제약을 해결하고 놀이에 몰입할 수 있도록 도담뜰로 이동하고 모양이 일정한 젠가 블록으로 교체하여 제공

3. 상상놀이

1) 예상되는 놀이 방향과 교육적 기대

예상되는 놀이 방향	교육적 기대
• 또래와 함께 다양한 놀이상황 만들어 가기	• 타인의 생각과 감정을 이해하는 기회가 될 것이다.
• 놀이상황 및 상대방의 반응에 따라 적절하게 상호작용하기	• 자신의 몸과 언어 등을 활용하여 상대방과 원활하게 의사소통하는 능력을 기를 수 있을 것이다.
• 다양한 상황(가게놀이, 엄마아빠놀이, 공주놀이, 경찰놀이 등) 속 역할 모방	• 스스로의 경험을 되돌아보고 놀이 상황에 맞게 해석해서 놀이 속 이야기로 적절하게 끌어들여 표현할 수 있을 것이다.
• 극놀이에 필요한 요소를 여러 가지 자료로 만들기	• 성취감, 심미감, 과학적인 원리와 실험과정, 자료의 특성 등을 경험할 수 있다.
• 기존의 공간 및 자료를 재해석하고 활용하기	• 새로운 시각으로 주변을 살펴보는 창의적 시각을 갖게 될 것이다.

2) 환경 및 지원
(1) 예상되는 자료

다양한 상상놀이 소품, 종이류, 끼적이기 도구, 거울지, 롤페이퍼, 전지, 잡지, 카메라, 웹캠, 노트북/컴퓨터, 빔프로젝터, 암막, 스크린, 다양한 종류의 조명류, 그림책, 퍼펫/인형, 여러 가지 천, 스카프, 커튼, 모자, 신발, 양말, 지퍼, 옷걸이, 행거, 목각인형, 신문, 모형 돈/동전/칩, 카드, 벨, 비즈, 단추, 손전등, 다양한 부위의 마네킹류, 어린이 사진, 바코드기, 고장난 기기류, 꾸미기 자료(뿅뿅이, 모루, 스티커 등), 어린이들의 작업물, 빛놀이 자료, 구성놀이 자료, 하드 막대 등

(2) 환경 및 지원의 예시

놀이상황 2세

- 건물 내 벽을 타고 들린 기계음을 우연히 듣고 소리에 관심을 보임
- 소리가 언제, 어디에서, 어떻게 들리는지 탐색함
- '소리괴물'이라고 명명하기 시작한 대상을 도화지에 그림으로 표현함
- 소리가 들리는 장소에 흰 전지로 포장된 벽돌블록, 스티커 등으로 소리괴물에 대해 상상하고 표현함

환경 및 지원

- 소리 괴물에 대해 상상한 것을 구체적으로 표현할 수 있도록 종이, 사인펜, 흰 전지로 포장된 벽돌블록, 스티커 등을 제공

놀이상황 3세

- 그림책을 바탕으로 한, 유아들의 상상 이야기 속에는 왕자와 공주 이외의 또 다른 핵심 인물인 '마녀'가 존재함을 발견함
- 어린이집 외부 창문 밖에 비정형화된 물체가 설치된 것을 보고 유아들은 더 풍성한 상상의 이야기를 만들어 감

환경 및 지원

- 마녀에 대한 상상을 자극할 수 있도록 마녀를 상징하는 형체를 외부 창문 밖에 설치하여 지원

놀이상황 3, 4세

- 유아가 입은 백설공주 원피스에 관심이 집중됨
- 각자 자신의 집에 있는 백설공주 그림책을 어린이집으로 가져오기 시작함
- 도담뜰에서 이야기 짓기와 인형극, 소품 만들기 놀이로 놀이가 번져감

환경 및 지원

- 백설공주 이야기로 상상을 할 수 있도록 공간과 자료를 다양하게 제공

4. 그리기놀이

1) 예상되는 놀이 방향과 교육적 기대

예상되는 놀이 방향	교육적 기대
• 종이와 도구를 활용해서 자유롭게 그림으로 표현하기	• 만족감, 성취감 등의 정서적 감정을 느끼며 적극적으로 표현의 즐거움을 경험할 것이다.
• 특별한 재질(여러 가지 지류, 거울지, 골판지, 뽁뽁이 포장지 등)의 재료를 탐색하고 실험하기	• 각각의 재료마다 지닌 다양한 특성에 대해 알아 가고, 놀이를 통해서 재료 사용에 대하여 점차 이해하게 될 것이다.
• 자유롭게 상상하고 생각하기	• 다양한 상상을 통해 생각의 힘, 창의적 사고가 길러질 것이다.
• 그림 그리는 대상에 대해 알아 가는 즐거움을 경험하기	• 대상에 대해 관계를 맺고 친밀하게 알아 가며 정서적, 인지적 사고와 배움이 능동적으로 일어날 것이다.
• 그림을 통한 또래와의 생각 나누기	• 의사소통, 집단 속 배움, 협력 뿐 아니라 친구와 연대감이나 친밀감, 소속감이 길러질 것이다.

2) 환경 및 지원
(1) 예상되는 자료

도화지, 두꺼운 도화지, 마분지, 머메이드지, 색도화지, 켄트지, 흑켄트지, 롤지, 전지, 골판지, 한지, 화선지, 거울지, 습자지, 노루지, 크라프트지, 갱지, 모조지, 이면지, 신문지, 반투명지, 유산지, 트레싱지, 밍크지, 도배지, 아트지, 매트지, 허니컴지, 원고지, 편지지, 박스종이, 뽁뽁이 포장지, 사포, 타공판, 셀로판지, OHP 투명 필름지, 펠트지, 부직포, 색종이, 휴지, 물티슈, 면봉, 화장솜, 솜, 휴지심, 연필(H, B), 다양한 종류의 색연필, 싸인펜, 크레파스, 크레용, 파스텔, 오일파스텔, 수채화물감, 아크릴물감, 마블링물감, 포스터물감, 막대물감(고체물감), 붓, 칫솔, 세척솔, 페인트붓, 뽕뽕이, 모루, 수세미, 화장품용 브러쉬, 물통, 물, 먹, 팔레트, 스포이드, 물약통, 페이스트, 스프레이, 분무기, 색상환, 찰필, 붓펜, 네임펜, 볼펜, 매직, 형광펜, 마카, 물풀, 딱풀, 목공풀, 우드락풀, 지우개, 스탬프, 잉크, 목탄, 분필, 가위, 펀치, 모양펀치, 자, 모양자, 클립보드, 양초 등

(2) 환경 및 지원의 예시

놀이상황 1세

- 영아들의 적극적인 끼적이기가 놀이로 드러남
- 큰 전지를 활용하였는데도 불구하고 더이상 끼적일 공간이 없어 놀이가 끊어짐
- 긴 스케치 롤 위에 끼적이며 영아들의 생각이 이어짐

환경 및 지원

- 놀이 흐름이 끊어지지 않고 이어지도록 스케치롤을 제공

놀이상황 1세

- 영아의 동적인 끼적이기 놀이가 진행됨
- 넓은 공간에서 마음껏 움직이고 끼적이며 표현을 즐김
- '움직임과 끼적임의 공간'이라고 명명함
- 보다 적극적인 영아들의 움직임이 일어남

환경 및 지원

- 바닥과 벽을 활용하여 움직임과 끼적임을 마음껏 표현할 수 있도록 넓은 공간을 마련

놀이상황 3세

- 롤페이퍼를 길처럼 깔아서 공간(동굴 입구)과 교실 전체를 연결함
- 유아들은 롤페이퍼 위에 상상의 이야기를 그림으로 그려감
- 빔프로젝터와 병풍 우드락을 이용하여 유아들은 자신들의 상상을 시각화하고 놀이를 이어나감

환경 및 지원

- 영유아의 상상을 가시화할 수 있도록 빔프로젝터 및 병풍 우드락을 설치

5. 자연놀이

1) 예상되는 놀이 방향과 교육적 기대

예상되는 놀이 방향	교육적 기대
• 주변의 일상(바깥놀이, 산책, 어린이집 오는 길 등) 안에서 다양한 자연을 만남	• 자연에 가까이 다가가 관심을 갖는 태도와 호기심을 갖고 탐구하고자 하는 마음을 갖게 될 것이다.
• 시간에 따라 변화되는 자연환경에 주목함	• 자신만의 방법으로 자연과 소통하고 관계를 맺어 가는 기회가 될 것이다.
• 자연의 다양한 모습과 요소에 대해 호기심 및 궁금증 표현	• 자연의 현상에 대해 새로운 이야기를 만들거나 자신의 논리를 펼치는 사고의 과정을 경험할 것이다.
• 다양한 도구(루페, 광학망원경, 돋보기, 웹캠 등)를 활용하여 관찰함으로 새롭게 자연을 만남	• 자연을 새로운 시각으로 들여다봄으로 인해 상상이나 가설들을 세워볼 수 있으며, 다양한 이야기들을 만드는 통합적인 경험이 일어날 것이다.
• 신비로운 자연현상(계절과 날씨의 변화에 따른 기이한 현상들, 생명체의 탄생과 죽음 등) 경험	• 자신의 경험과 새로운 지식들의 결합을 통해 신비로운 자연의 현상을 이해하고 인지적 사고와 창의적 사고가 길러지며 자연의 경이로움을 느낄 수 있을 것이다.

2) 환경 및 지원
(1) 예상되는 자료

실내·외 다양한 자연물(돌, 모래, 흙, 자갈, 씨앗, 열매, 나뭇잎, 나뭇가지, 꽃잎, 곡식류, 각 종 채소 및 과일, 기타 음식류, 곤충 및 동물 등), 종이류, 끼적이기 도구, 카메라, 루페, 광학망원경, 현미경, 돋보기, 웹캠, 소리 집음기, 빔프로젝터, 노트북/컴퓨터, 녹음기, 라이트테이블, 손전등, 거울, 스카프, 톳밥, 조화류, 분할 용기, 락앤락통, 눈금 비커, 샬레, 바구니, 다양한 크기의 용기류, 각종 도감/사전, 건조기, 가위, 고무줄, 분무기, 화분, 저울, 자석, 절구, 빻기 도구류, 다양한 종류의 자, 우산, 스포이드, 상상놀이 자료, 구성놀이 자료 등

(2) 환경 및 지원의 예시

놀이상황 2세

- 영아들이 실외 놀이 시 관찰한 꽃의 개념, 개미집, 거미줄에 대한 여러 가설을 세우며 이야기 나눔
- 영아들이 관찰한 것을 사진과 이야기로 엮어 그림책으로 만듦
- 친구들의 생각에 영향을 주고 받으며 깊이 있게 추론해 나감

환경 및 지원

- 영아들이 관찰한 것에서 일어난 궁금증과 자유로운 가설을 사진과 글로 엮어 그림책으로 지원

놀이상황 3, 4세

- 보라색 열매(일명 블루베리)에서 씨앗을 발견함
- 일상생활 속에서 씨앗에 대한 많은 관심이 생김
- 간식시간 나오는 과일(토마토, 참외, 포도 등) 안에서 씨앗을 찾기 시작함
- 씨앗을 발견하는 기대감이 번져 감

환경 및 지원

- 간식시간에 유아가 발견한 씨앗을 여러 가지 다른 놀이 재료로 활용할 수 있도록 지원

놀이상황 5세

- 나팔꽃에 쌀뜨물과 커피 찌꺼기를 뿌려 주며 돌봄
- 나팔꽃이 피었던 자리에 생긴 열매를 발견함
- 형님들이 전해준 책 속의 정보를 활용하여 갈색으로 변한 열매를 따게 됨
- 따자마자 열매가 벌어지며 씨앗이 쏟아지는 모습을 보고 매우 놀람

환경 및 지원

- 형님들이 물려 준 씨앗과 책을 제공하여 유아들이 다양한 생각을 할 수 있도록 지원

6. 몸놀이

1) 예상되는 놀이 방향과 교육적 기대

예상되는 놀이 방향	교육적 기대
• 신체 여러 기관의 움직임 시도하기	• 자신의 신체를 긍정적으로 인식하고 표현하게 될 것이다.
• 이동 운동, 스포츠를 즐기면서 알아가기	• 자신의 신체에 대한 이해 및 움직임을 제어할 수 있는 능력을 키우게 될 것이다.
• 요구에 따라 몸의 움직임 실험하기	• 온몸의 감각이 발달되고 대·소근육 발달 및 눈과 손의 협응력이 길러질 것이다.
• 거울을 통해 자신의 신체를 의도적으로 움직이며 조절하기	• 다른 수단을 통해 영유아는 자신의 신체를 더 이해하고 조절하게 될 것이며 몸의 균형, 유연성, 근력 등이 발달될 것이다.
• 또래와 함께 동작 맞추기, 모방, 새로운 동작 만들기	• 또래와 움직이면서 함께하는 데에서 오는 만족감, 역동성, 즐거움 등을 느끼고 협력하는 법을 배워갈 것이다.

2) 환경 및 지원
(1) 예상되는 자료

다양한 음악(동요, 클래식, 국악 등), 스피커, 스카프, 한지, 리본, 줄, 끈, 커다란 상자, 빔프로젝터, 스크린, 컴퓨터/노트북, 카메라, 거울, 거울지, 전지, 아스테이트지, 끼적이기 도구, 빽업, 우레탄 막대, 뽁뽁이, 촉감판, 부직포, 훌라후프, 콘, 평균대, 공, 풍선, 짐볼, 점핑볼, 징검다리, 매트, 다양한 종류의 조명, 손전등, 센서등, 터치등, 양말, 모자, 지퍼, 종이컵, 휴지, 수정토, 고리, 계란판, 색테이프, 바구니, 밀가루 반죽, 부채, 자연물, 우레탄블록, 벽돌블록, 습자지, 감각놀이용 음식, 체중계, 줄자, 자 등

(2) 환경 및 지원의 예시

놀이상황 0세

- 영아들의 까꿍놀이가 이어짐
- 새로운 몸동작(엎드리는 자세)을 하는 한 영아의 까꿍놀이 장면을 교사가 포착하게 됨
- *"어~ ○○이가 어디 갔지?"* 하며 상호작용을 함
- 교사의 상호작용은 영아에게 영향을 주어 모두 엎드리는 자세로 까꿍놀이를 함

환경 및 지원

- 서로를 모방하거나 신체를 움직여볼 수 있도록 상호작용

놀이상황 0, 1세

- 서로의 모습을 보고 따라 하는 놀이에 많은 관심을 보임
- 교실 벽면에 다양한 동작의 그림자를 붙여주자, 더 적극적이고 즐겁게 몸을 움직임
- 친구들의 움직임을 모방하면서 서로 격려함

환경 및 지원

- 벽면에 거울과 다양한 동작 그림자를 붙여 주어 움직임을 적극적으로 격려

놀이상황 3세

- 끈을 양 끝에서 잡고 서로 당기는 놀이를 이어감
- 탄성이 있는 끈, 끈의 개수 변경, 놀이 장소의 확장으로 인해 유아들은 이전보다 더 큰 폭으로 이동하며 마당 곳곳을 누림
- 친구의 도움을 요청하고 서로를 관찰하며 같은 동작을 하기 위한 모방도 늘어남

환경 및 지원

- 놀이의 확장을 위해 끈의 종류 및 개수, 놀이 장소를 변경

7. 게임놀이

1) 예상되는 놀이 방향과 교육적 기대

예상되는 놀이 방향	교육적 기대
• 수를 활용한 다양한 게임에 직접 참여하기	• 수를 비교하고 셈해보기 등 수학적 사고를 키울 수 있을 것이다.
• 게임의 방법을 익히거나 변형하기, 새로운 규칙을 만들기	• 자신의 지식과 경험을 동원해서 가설을 세우고 실험을 하는 인지적인 과정을 경험할 것이다.
• 상대의 심리를 읽고, 유추하며, 그에 맞는 전략 세우기	• 나 중심에서 벗어나 상대방의 입장에서 생각해 보며 문제를 해결하는 힘이 길러질 것이다.
• 또래와 함께 놀이하는 과정에서 공동의 규칙이나 약속 공유, 단계 설정하기	• 또래와 협력하여 자신들이 게임을 만들어 가고 있음을 인식하고 상상하고 고민하는 과정을 즐길 것이다.
• 예상치 못했던 돌발적인 상황에서 순발력을 동원하여 게임 만들어 가기	• 실수나 갈등 상황과 같은 어려움에 부딪혔을 때 자연스럽게 함께 놀이하기 위한 사회적인 기술을 습득하게 될 것이다.

2) 환경 및 지원
(1) 예상되는 자료

다양한 종이류, 끼적이기 도구, 다양한 보드게임, 퍼즐, 큐브, 점수 숫자판, 돌림판(룰렛), 보드판, 클립보드, 화이트보드, 보드마카, 주사위, 다면체 주사위, 모형 돈, 칩, 바둑알, 바둑판, 체스판, 체스말, 젠가, 소이블록, 카프라블록, 가베블록, 팝튜브, 아크릴 큐브블록, 지오그램, 워터픽셀, 패턴판, 과녁판, 색종이, 연필, 줄자, 자, 가위, 테이프, 풀, 본드류, 포일, 수수깡, 고무줄, 철끈, 끈, 철사, 고리, 구슬, 비즈, 계란판, 병뚜껑, 자석, 할핀, 하드막대, 나무젓가락, 자연물, 카메라, 모래시계, 타이머, 차임벨, 투명필름지, 전통놀이 도구 등

(2) 환경 및 지원의 예시

놀이상황   2세

- 한 영아로부터 시작된 팽이 놀이에 대한 관심이 모든 영아들에게 퍼져 나감
- 팽이판을 지원한 이후, 팽이 돌리기 놀이가 더욱 활발해짐
- 영상으로 촬영한 팽이 돌리기의 구체적인 놀이 상황을 함께 봄
- 영상 속에 나오는 방법에 영향을 받으며 서로의 방식을 배워감

환경 및 지원

- 팽이판을 지원해주고 팽이 돌리는 법을 촬영하여 영상을 제공

놀이상황   3세

- 미로에 관심을 보임
- 일상 안에서도 미로와 같은 선에 관심을 갖고 찾아봄
- 유아의 관심을 이어갈 수 있도록 다양한 재료(한글블록, 레고 블록, 테이프 등)를 활용하여 미로를 만들어 감

환경 및 지원

- 다양한 방식의 미로를 만드는 것을 격려하며 여러 종류의 재료들을 활용할 수 있도록 제공

놀이상황   4, 5세

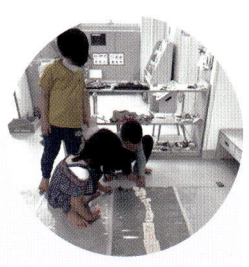

- 개구리 점프의 원리를 궁금해 함
- 다양한 재질의 종이(한지 색종이, 더 큰 색종이, 신문지, 도화지 등)를 갖고 종이의 무게, 부피의 크기 등을 실험해 봄
- 더 멀리 점프할 수 있는 개구리를 만들고자 노력함

환경 및 지원

- 다양한 재질의 종이를 제공하여 자발적인 실험을 지원

8. 책놀이

1) 예상되는 놀이 방향과 교육적 기대

예상되는 놀이 방향	교육적 기대
• 책의 구조와 형태, 구성요소에 대해 관심 갖기	• 책 자체에 대한 궁금증과 호기심을 갖는 태도를 경험할 것이다.
• 책의 내용 및 흐름을 이해하기	• 책의 이야기를 이해하는 과정 속에서 인지적 배움이 일어날 것이다.
• 책 속의 상상적 요소를 즐기기	• 상상하는 과정에서 창의적인 사고가 길러질 것이다.
• 또래 또는 교사의 적극적인 상호 작용하기	• 다양한 측면의 의견을 듣고 아이디어를 주고 받으며 소통할 것이다.
• 다른 자료(피규어, 블록 등)와 연결지어 새로운 놀이 구성하기	• 영유아는 책에 대한 친근한 정서적 감정을 느끼고 책의 내용을 다른 놀이와 연결지어 창의적 놀이를 만들어갈 수 있을 것이다.
• 책 속의 관심 있는 대상을 구체적으로 표상하기	• 책 속의 흥미로운 바를 표현하는 과정을 통해 새로운 발견과 앎이 일어나고 다채롭게 표현하는 능력이 활발해질 것이다.

2) 환경 및 지원
(1) 예상되는 자료

다양한 작가 및 종류의 그림책, 사운드북, 빅북, 잡지, 사전, 헌책, 여러 가지 종이류, 끼적이기 도구류, 물감, 매트, 빔프로젝터, 컴퓨터/노트북, 카메라, 웹캠, 스크린, 스피커, 녹음기, 마이크, 손전등, 다양한 종류의 조명, 암막, 커튼, 거울, 융판, 찍찍이와 보슬이, 가위, 풀, 테이프, 우드락, 하드막대, 빨대, 퍼펫, 인형이나 다양한 모형 및 피규어, 스카프, 천, 끈, 점토, 상상놀이 자료, 구성놀이 자료 등

(2) 환경 및 지원의 예시

놀이상황

2세

- '혹부리 영감' 책에 관심을 가짐
- 영아들은 작가가 구성한 이야기를 벗어나 그림만으로 상상하여 이야기를 재구성함
- 등장하는 도깨비 그림에 애정을 표현함
- 유희실의 빔프로젝터를 활용하여 영아들이 그린 도깨비 그림을 확대하여 함께 봄

환경 및 지원

- 빔프로젝터를 마련하여 현재 관심에 더욱 집중하도록 지원

놀이상황

2-4세

- 도담뜰에서 곤충모형 놀이를 하는 동생들에게 형님들이 책으로 만든 곤충집을 전해줌
- 형님처럼 똑같이 따라 만들거나 병풍처럼 책을 둘러 새로운 집을 구성함
- 교실에서도 책으로 곤충집 만들기가 이어짐

환경 및 지원

- 비슷한 형태의 책, 모형을 교실에도 비치하여 다른 공간에서의 경험이 연결되도록 지원

놀이상황

5세

- 유아들이 만든 책을 파일꽂이에 보관함
- 누구의 책인지, 어떤 책인지 구별하기 어려운 문제 상황이 발생함
- 실제 그림책처럼 두꺼운 머메이드지를 붙임으로 유아들이 만든 책에 대해 더욱 소중히 여김
- 유아들은 이전보다 더욱 애정을 갖고 책 표지를 구성함

환경 및 지원

- 기존의 책처럼 느껴질 수 있도록 유아들이 만든 책의 표지 모양과 재질을 고려하여 제공

9. 점토놀이

1) 예상되는 놀이 방향과 교육적 기대

예상되는 놀이 방향	교육적 기대
• 오감을 활용하여 크기 및 성분에 따른 점토 탐색하기	• 자료가 지닌 독특한 속성에 대해 느끼고 이해할 수 있을 것이다.
• 힘의 강약 및 움직임을 고려하여 조절하기	• 스스로 궁금증을 갖고 추론의 과정을 거치며 대상을 이해하고 소근육 조절 및 눈과 손의 협응력이 길러질 것이다.
• 자신의 생각 적극적으로 표현하기	• 변형의 즐거움을 통해 상상의 이야기들을 구성해 나갈 수 있을 것이다.
• 다른 성질의 자료들을 연결시켜 놀이하기	• 부딪힌 문제를 해결하기 위한 실험과 도전의 과정을 경험할 수 있고 우리 주변의 자료를 새로운 시각으로 볼 수 있을 것이다.
• 또래들과 함께 구성물을 만들어보거나 의도를 갖고 실험하기	• 또래 안에서 이야기를 나누며 협력하고 서로를 통해 배우는 과정을 함께 경험해 나갈 수 있을 것이다.

2) 환경 및 지원
(1) 예상되는 자료

청자토, 백자토, 분청토, 옹기토, 유토, 지점토, 천사점토, 밀가루반죽, 다양한 점토 도구(칼, 밀대, 포크, 찍기 도구 등), 스파게티면류, 개인 트레이, 재활용품, 이쑤시개, 철사, 빵끈, 라이트테이블, 거품기, 핸들형 야채 다지기, 건조기, 분무기, 물, 집게, 절구, 스쿱, 솔, 채칼, 채반, 빨대, 하드막대, 쿠킹 도구류, 뚜껑, 가위, 물풀, 흙풀, 스텐조리도구류, 나무젓가락, 레몬스퀴저, 마늘빻기 도구, 면발뽑기 기계, 스펀지, 감자 으깨기, 고기망치, 우드락, 거울, 계란판, 휴지심, 락앤락통, 랩, 포일, 다양한 용기류, 물감, 자연물, 낚시줄, 다양한 피규어와 모형 등

(2) 환경 및 지원의 예시

놀이상황 0세

- 화단, 공원 숲길에서 흙을 만지고 관찰함
- 김장매트 안에 진흙 20kg 덩어리채로 넣어 내어 주어 흙을 안전하면서도 자유롭게 만나 봄
- 흙의 질감, 부피감을 느끼며 놀이함

환경 및 지원

- 넓은 공간에서 큰 덩어리인 점토를 적극적으로 만지도록 제공

놀이상황 1, 2세

- 반죽으로 구성물을 만듦
- 그대로 보존하기 위해 어떻게 하면 되는지 이야기를 나눔
- 젖은 옷처럼 공기청정기 위에 바람으로 말리자는 의견 제시
- 영아의 가설에 대해 직접 실험해 봄

환경 및 지원

- 바람을 실험할 수 있도록 공기청정기를 지원

놀이상황 3세

- 수수깡, 재활용품, 밀가루 반죽, 유토, 다양한 질감의 점토 등을 이용하여 상상의 나래를 펼침
- 유아들은 점토를 만들며 그림책 이야기와 연결하여 상상 속 이야기를 떠올림
- 교사는 유아들이 만든 작품을 사진으로 인쇄하여 게시함
- 이전의 상상 이야기를 재조직하여 새롭게 점토를 구성함

환경 및 지원

- 꾸미기 자료와 그림책 등을 제공하고 작품 사진을 게시하여 점토를 활용한 상상놀이를 격려

10. 디지털놀이

1) 예상되는 놀이 방향과 교육적 기대

예상되는 놀이 방향	교육적 기대
• 디지털 기기의 특징을 알아 가기	• 궁금증을 갖고 작동원리에 대해 여러 가설로 유추해 보는 경험을 할 것이다.
• 디지털 기기의 특징을 적극적으로 활용하기	• 각기 다른 디지털 기기가 갖는 특징과 방식을 놀이로 활용할 것이다.
• 자신의 생각을 표현하고 상상의 이야기 구성하기	• 대상에 대해 잘 이해하고 자신의 생각과 이론을 명확하게 만들어나갈 수 있을 뿐 아니라 창의적인 사고를 할 수 있을 것이다.
• 디지털 기기 간의 결합을 통해 자신이 표현한 흔적들을 입체적으로 확인하기	• 디지털 기기만이 가지는 고유한 언어와 문화에 대해 관심을 갖고 점을 살려 활용할 것이다.
• 디지털 기기를 매개로 성인, 또래들과 함께 실험하기	• 협력 및 공동 지식 구성의 기회를 가지게 될 것이다.

2) 환경 및 지원
(1) 예상되는 자료

필름카메라, 즉석카메라, 디지털카메라, 웹캠, 캠코더, 액션캠, 고프로, 광학현미경, 컴퓨터, 노트북, 태블릿pc, TV, 아이로비, 프린터, 포토프린터, 팩스, 녹음기, 디지털 피아노, 실물화상기, 빔프로젝터, 스크린, 스마트폰(공기계), LED 드로잉보드 패드/박스, 태블릿용 펜슬, UV펜슬, 다양한 영상, 마이크, 스피커, 디지털 시계, 타이머, 디지털 온습도기, 전자저울, 종이류, 끼적이기 도구들, 거울, 조명, 라벨지, 필름지, 클립보드, 보드판, 융판, 타이머, 삼각대, 셀카봉, 포토박스/포토부스 등

(2) 환경 및 지원의 예시

놀이상황 2세

- 사진을 찍는 교사의 모습을 모방하여 놀이함
- 실제 카메라를 사용하여 직접 사진을 찍음
- 단순히 찍는 행동에서 나아가 카메라의 원리에 관심을 가짐
- 많은 친구와 공유할 수 있도록 찍은 사진을 게시함

환경 및 지원

- 카메라를 제공하고 찍은 사진을 출력하여 교실 내 게시

놀이상황 4, 5세

- '사진전시'보다는 '사진찍기'에 관심을 보임
- 디지털카메라 외 다양한 카메라(일회용 필름카메라, 즉석 카메라 등)를 이용하여 사진을 찍음
- 각 카메라의 특성을 살펴보고 활용함
- 사진 찍었을 때를 회상하며 사진을 감상함

환경 및 지원

- 필름카메라, 즉석카메라, 인화된 필름지와 사진을 다양하게 제공

놀이상황 5세

- 컴퓨터로 그림을 그리는 데 흥미를 잃어가던 중 프린터 및 저장에 새로운 흥미를 보임
- 그림을 프린트하여 함께 공유하며 이야기 나눔
- 프린터 및 저장에 대한 흥미는 다시 컴퓨터로 그림을 그리는 것으로 이어져 그리는 놀이가 다시 활발해짐

환경 및 지원

- 컴퓨터와 노트북, 특정프로그램(3D 그림판) 프린터를 제공

참여 어린이집

경기꿈드림어린이집

경찰대학어린이집

광명경찰서어린이집

광명시청직장어린이집

구리경찰서어린이집

기아광주어린이집

기아화성어린이집

김포경찰서어린이집

다람패스트파이브공동직장어린이집

동국제강당진어린이집

디앤오강서어린이집

롯데케미칼mom편한(서산)어린이집

롯데케미칼mom편한(의왕)어린이집

롯데케미칼첨단소재여수mom편한어린이집

부천오정경찰서어린이집

서산오토밸리어린이집

서울도봉경찰서어린이집

아산경찰서어린이집

오산경찰서어린이집

우아한어린이집
이랜드코코몽어린이집
인천경찰청어린이집
전북경찰청어린이집
코레일대전어린이집
평택남부경찰서어린이집
풀무원어린이집
하이원태백어린이집
현대다솜어린이집
현대선릉어린이집
현대양재어린이집
현대제철당진어린이집

현대제철인천어린이집
현대트랜시스동탄어린이집
현대홈키즈어린이집
aT어린이집
CJ키즈빌어린이집
EBS직장어린이집
GC Childcare Center어린이집
HP판교어린이집
LG이노텍서울어린이집
SKY어린이집
the KIDS 어린이집
the KIDS 여의도1어린이집

한솔어린이보육재단
한솔영유아교육과정 총론

발행일	2025년 1월 1일
지은이	한솔어린이보육재단 한솔영유아교육연구소
주소	서울시 마포구 월드컵북로 361(상암동) 한솔교육빌딩 29층
대표번호	02-2001-5918
팩스	02-2001-5959
전자우편	hansol@hansolhope.or.kr
홈페이지	www.hansolhope.or.kr
디자인	김사라
펴낸곳	도담서가
펴낸이	박연정
출판등록	제2019-000174호
주소	서울시 마포구 월드컵북로 361(상암동) 한솔교육빌딩 14층
대표번호	02-303-5632
전자우편	dodamseoga2023@gmail.com
ISBN	979-11-970329-6-7 93370

이 책은 저작권법의 보호를 받는 저작물이므로 무단전재와 무단복제를 금합니다.